もしも坂本龍馬がヤンキー高校の転校生だったなら

井上ミノル

創元社

はじめに

坂本龍馬《さかもとりょうま》――言わずと知れた幕末の英雄です。

「尊敬する歴史上の人物ランキング」や「酒を酌み交わしたい歴史上の人物ランキング」「上司にしたい～以下同」などでも常に上位にランクインする好感度の高さを誇る、まさに国民的偉人スター☆な彼。

しかしそもそも一体何をした人物で、なぜそこまで人々に愛されるのでしょう。


龍馬は1835年、土佐の下級武士の次男として誕生しましたが、28歳の時にドロップアウト（脱藩）。そして、ただの浪人（要するに住所不定無職）の分際で、超大物にシレッと会いに行ってちゃっかり気にいられたり、幕府の大物・勝海舟《かつかいしゅう》の弟子になったり、縁もゆかりもない薩摩藩に資金を出してもらって自分の海軍（船じゃないぞ、海軍だぞ！）を作っちゃったり、犬猿の仲で長年の敵同士だった薩摩藩と長州藩をくっつけちゃったり、日本の政治体制をガラリと変える案を偉い人にアドバイスし、それを将軍が受け入れて本当に政権を返上しちゃったりします（それが世に言う大政奉還《たいせいほうかん》）。

繰り返しますが、彼は一介の浪人。幕府の要人でも宮中貴族でも大名でもなく、藩の中枢にいるわけでもなく、それどころか藩にすらいない（脱藩してますからネ）、言うなれば私たちと同じようなド一般ピーポーです（勝手にあなたをド一般ピーポーと決めつけてすみませんが）。そんな彼が、どうやって国の仕組みを変える一翼を担《にな》うにいたったのか。

思うにキーとなるのは、彼の柔軟で合理的な思考、思い立ったらすぐ動くフットワークの軽さ、そして図々しいといっても過言ではないほどの物怖じの無さです。図々しくて飄々《ひょうひょう》として、でも熱い信念を隠し持った龍馬のキャラクターに、私たちは惹《ひ》きつけられて止まないのかもしれません。


本書は、経営者でも教師でもなく、生徒会長でも優等生でも運動部のスター選手でもない流れ者の転校生が、荒れ果てたヤンキー高校をスポーツ名門校に変えようと奮闘するストーリーとなっています。一生徒が学園の経営自体を変えるなんて無理でしょ、と普通なら思いますが、実際の坂本龍馬はそれよりももっと不可能そうなことを成し遂げたんだということを頭の隅に置きつつ、軽いノリで楽しんでいただければ幸いです。

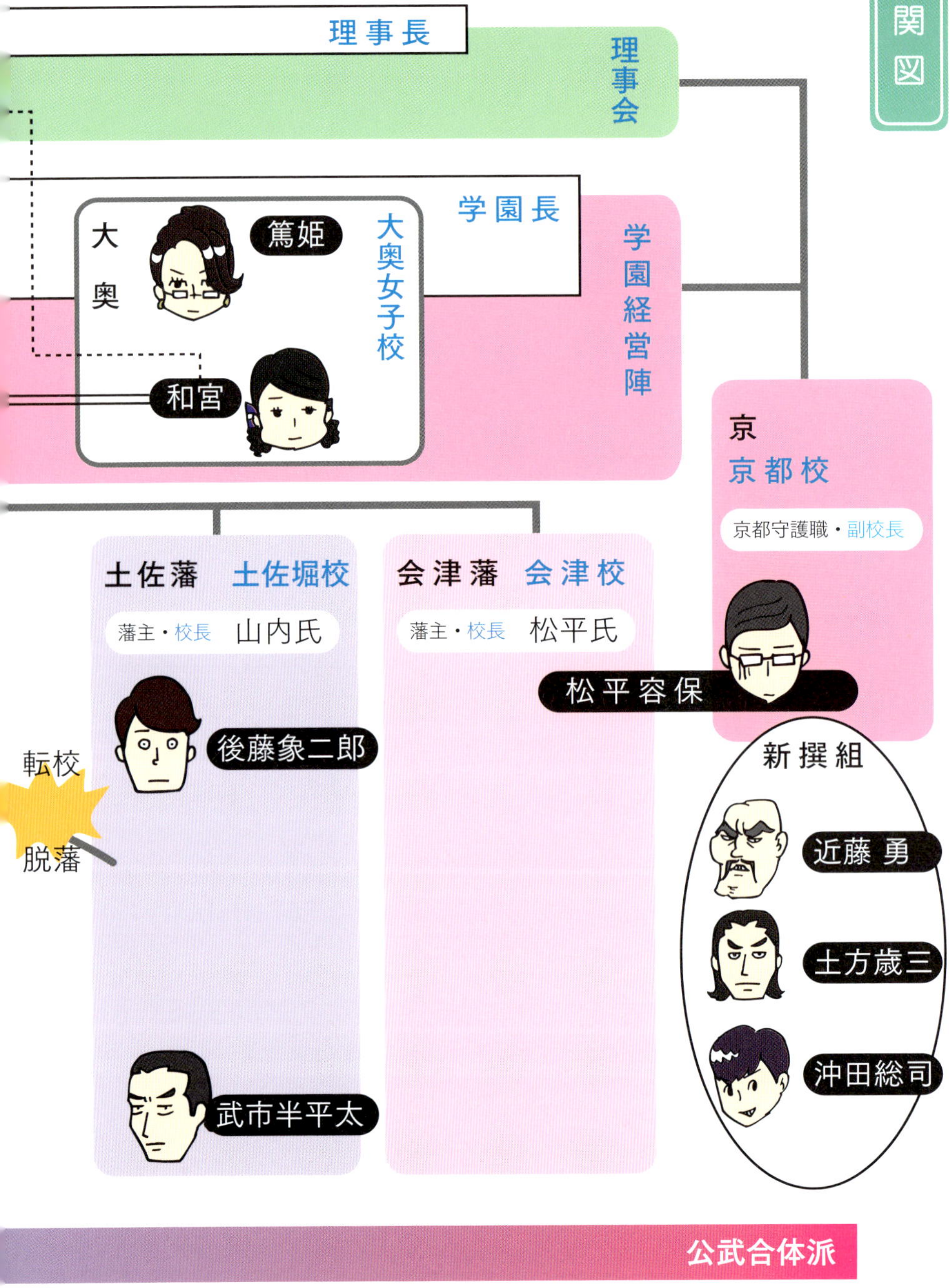
理事長
理事会
学園長
学園経営陣
大奥
大奥女子校
篤姫
和宮
京
京都校
京都守護職・副校長
松平容保
土佐藩　土佐堀校
藩主・校長　山内氏
後藤象二郎
武市半平太
転校
脱藩
会津藩　会津校
藩主・校長　松平氏
新撰組
近藤 勇
土方歳三
沖田総司
公武合体派

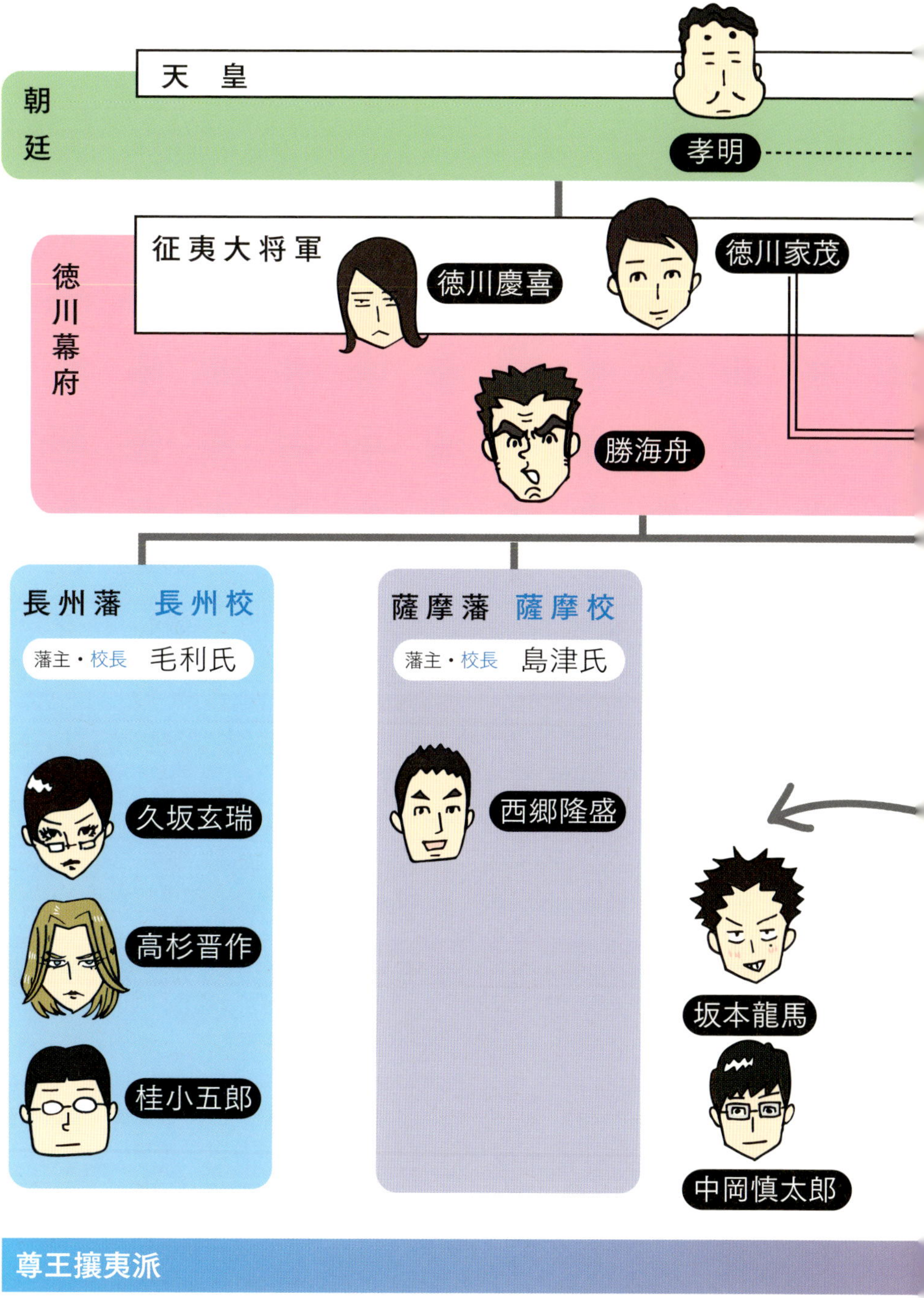
朝廷
天皇
孝明
徳川幕府
征夷大将軍
徳川慶喜
徳川家茂
勝海舟
長州藩　長州校
藩主・校長　毛利氏
久坂玄瑞
高杉晋作
桂小五郎
薩摩藩　薩摩校
藩主・校長　島津氏
西郷隆盛
坂本龍馬
中岡慎太郎
尊王攘夷派

もしも坂本龍馬がヤンキー高校の転校生だったなら

MOSHIRYOU

もくじ

はじめに……2

第1章
徳川学園 京都校 編……9
もしも坂本龍馬がヤンキー高校の転校生だったなら……10
尊王攘夷ってなんじゃらほい？……22
若き学園長・モッチーの悩み……28
若きモッチーの悩み2……30
ヤンキー少女・純情派……34
龍馬君とお龍ちゃん……38
魁！ 新撰組……40

第2章
長州校 絶体絶命！ 編……51
偏差値高いぜ！ 長州校！……52
イケダヤ事件！……60
玄瑞の國……64

世界に挑んでみたものの……70
バスケがしたいです……72

第3章
めざせスポーツ名門校 編……77

スポ根！ 薩摩校……78
いざ！ 薩長同盟！……86
俺たちチーム亀山！……92
龍馬危うし！ 寺田屋事件……94
龍馬とお龍のラブラブ旅行記……96
長州校を救え！……98
その頃、土佐堀校では……102
龍馬君の8つの提案……108

第4章
徳川学園 経営陣 編……115

花の大奥女子高校……116
昨日の敵は今日の強敵……122
学園長はつらいよ……124
京都副校長もつらいよ……126
理事長だってつらいなり……128
学校経営お返しいたします！……130
ある銅像のボヤキ……134
革命！ 近江屋のバラ!?……136

※本書では、出来事の年月日は原則として旧暦で示しています。
また、各人物年齢は生年から逆算したものであり、厳密な満年齢や数え年とは異なる場合があります。

第5章 花咲け！新学園編……143

花咲け！新学園！……144

人物相関図……4
年表……50、76、114、153
おわりに……154
参考文献……156

登場人物解説

◆坂本龍馬……20
◆中岡慎太郎……21
◆徳川家茂……32
◆和宮……33
◆楢崎龍……37
◆近藤勇……46
◆土方歳三……47
◆沖田総司……48
◆桂小五郎……58
◆久坂玄瑞……68
◆高杉晋作……69
◆勝海舟……75
◆西郷隆盛……84
◆武市半平太……106
◆後藤象二郎……107
◆篤姫……119
◆徳川（一橋）慶喜……125
◆松平容保……127
◆孝明天皇……129

コラム

龍馬の手紙と坂本家の人々……26／他にもいるぜ！新撰組！……49
本物？偽物？彼らの肖像……140

歴史解説

長州VS会津……59／生麦事件……85／龍馬暗殺犯は誰だ!?……142

第1章
徳川学園 京都校 編

もしも坂本龍馬《さかもとりょうま》がヤンキー高校の転校生だったなら

そこの君ぃ
ちょっと待った〜
ドキーン
見慣れない顔だよね〜
あ どーもっス
転校生なんっス
名前は〜? どこの高校から来たの?
……
才谷《さいたに》梅《うめ》太郎《たろう》ッス 土佐…いや、江戸校からっス
……
なんだか怪し…
あ
え?
フラ〜
沖田《おきた》っ!
大丈夫かっ
…貧血
…大丈夫っスか?

保健のセンセー呼んでくるっス
しっかりしろ沖田っ!
なんつって…
い そそくさ…
新撰組《しんせんぐみ》
あれが噂の京都校を取り締まる裏生徒会・新撰組《しんせんぐみ》だな
しかし大丈夫かアイツ。
よ〜龍馬!
慎《しん》ちゃーん!
久しぶりーー!
【土佐堀校時代の龍馬の友人】
中岡《なかおか》 慎太郎《しんたろう》
転校早々なに新撰組に目ぇつけられてんだよ

ビビッって思わず
才谷って名乗っちまったよ
やっぱ俺って
大物オーラ出てっかな？
あいつらにはマジ
気をつけたほうがいいぜ
ただのヤンキー集団
じゃねぇ
天然理心《てんねんりしん》族の総長
近藤《こんどう》勇《いさみ》が局長を
つとめている上
京都校の副校長・松平容保《まつだいらかたもり》
がバックについてやがる
【徳川学園京都校副校長】
松平《まつだいら》 容保《かたもり》
徳川学園長派が
反乱分子…尊王攘夷《そんのうじょうい》派の
締めつけをどんどん
強化してっからなー
土佐堀校ドロップアウト組
我らが母校・土佐堀校も
えれーことになってる
らしーじゃん？
ああ

まったく
ひどいもんさ
尊王攘夷派の不良グループ
土佐勤皇党《とさきんのう》を結成してた
平《ひら》やんたち多くの生徒が
一斉に退学処分にされちまった
土佐勤皇党
【土佐勤皇党メンバー】
平井《ひらい》収二郎《しゅうじろう》
平やん
リーダーの
武市《たけち》先輩も今
謹慎処分待ちだが
退学は間違いないだろうな
【土佐勤皇党リーダー】
武市《たけち》半平太《はんぺいた》
加尾《かお》ちゃん
悲しんでる
だろーな
加尾？…ああ
平やんの妹か。
お前つき合って
たんだっけ？
ええ
まぁ…
(照)
土佐堀校の校長めが
生徒集めのために
土佐勤皇党の人気を
利用してた時も
あったのに
まぁでも
武市先輩たちも
ちょいやりすぎだわ
TOSA★KIN
教頭ボコっちゃ
マズイっしょ
さすがに
吉田東洋 教頭
まぁな
アレは
引いたわ〜
俺ら早めに転校してて
命拾いだわ
慎ちゃんなんて
マジでギリだったもんね

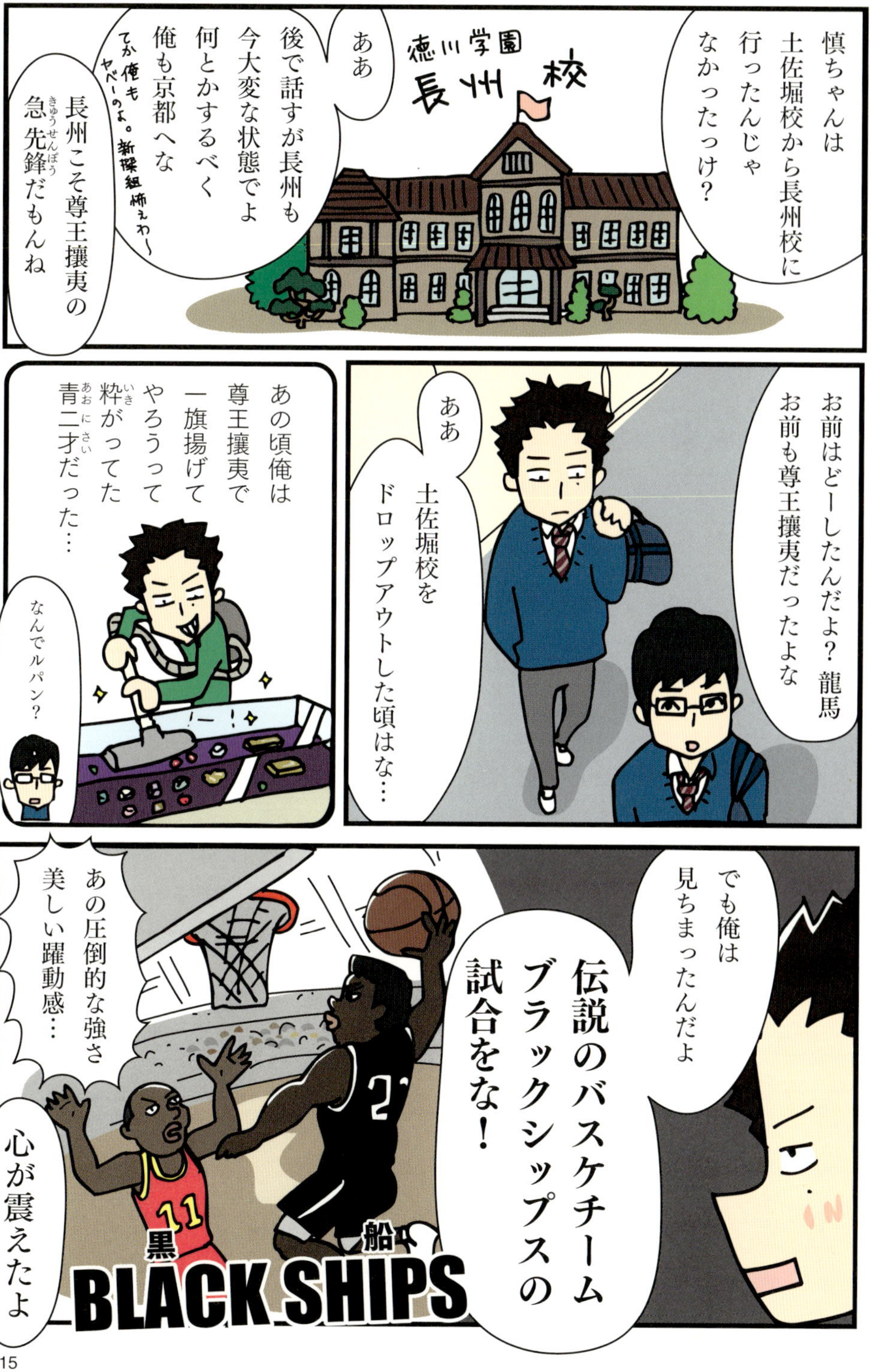
慎ちゃんは土佐堀校から長州校に行ったんじゃなかったっけ？
徳川学園 長州校
ああ
後で話すが長州も今大変な状態でよ何とかするべく俺も京都へな
てか俺もヤベーのよ。新撰組怖えわ〜
長州こそ尊王攘夷の急先鋒《きゅうせんぽう》だもんね
お前はどーしたんだよ？龍馬 お前も尊王攘夷だったよな
ああ
土佐堀校をドロップアウトした頃はな…
あの頃俺は尊王攘夷で一旗揚げてやろうって粋《いき》がってた青二才《あおにさい》だった…
なんでルパン？
でも俺は見ちまったんだよ
伝説のバスケチーム ブラックシップスの試合をな！
あの圧倒的な強さ 美しい躍動感…
心が震えたよ
黒船
BLACK SHIPS

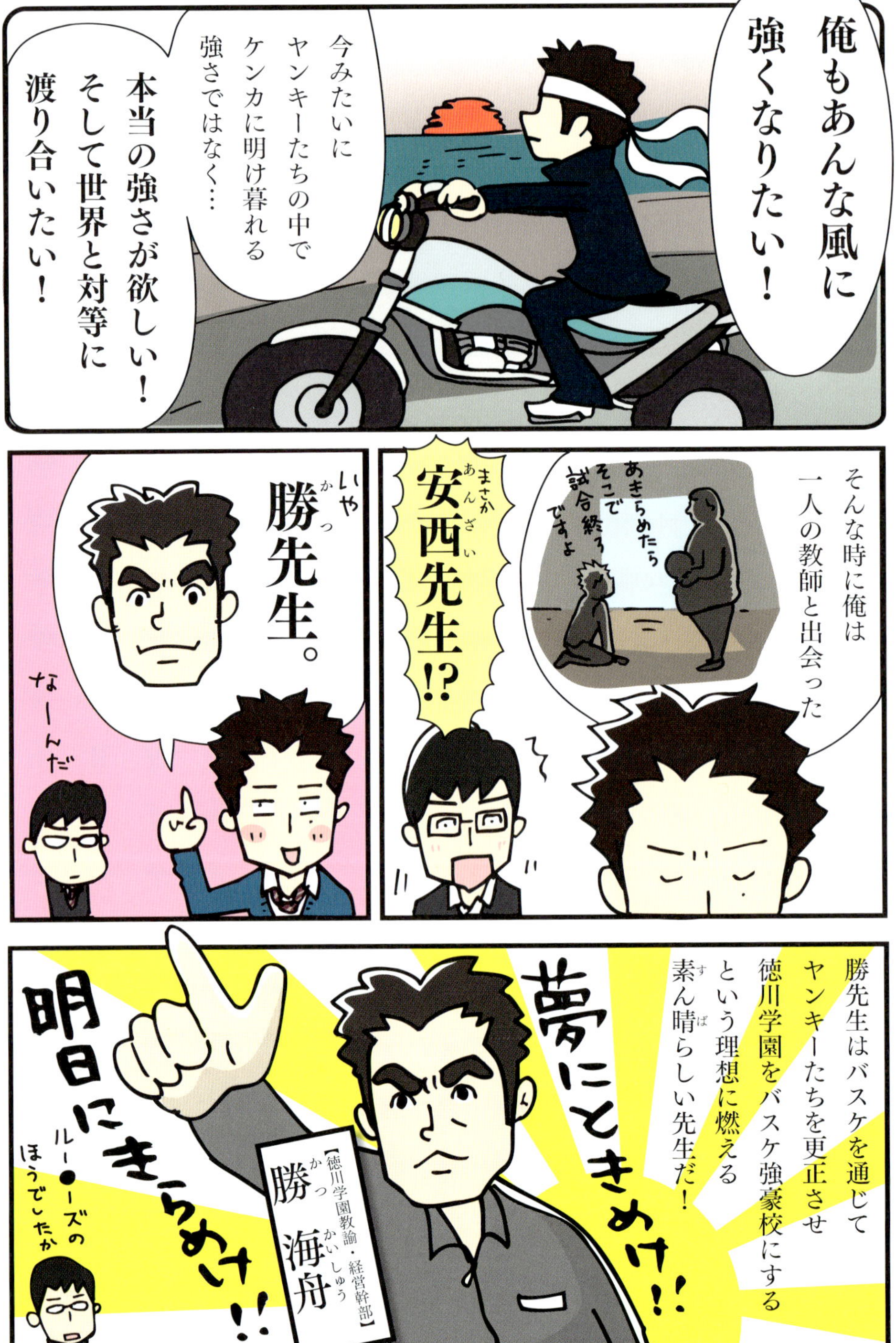
俺もあんな風に強くなりたい！
今みたいにヤンキーたちの中でケンカに明け暮れる強さではなく…
本当の強さが欲しい！そして世界と対等に渡り合いたい！
そんな時に俺は一人の教師と出会った
あきらめたらそこで試合終了ですよ
まさか安西《あんざい》先生!?
いや勝《かつ》先生。
なーんだ
勝先生はバスケを通じてヤンキーたちを更正させ徳川学園をバスケ強豪校にするという理想に燃える素《す》ん晴《ば》らしい先生だ！
夢にときめけ!!
明日にきらめけ!!
【徳川学園教諭・経営幹部】
勝《かつ》 海舟《かいしゅう》
ル一●一ズのほうでしたか

とにかく！
俺ぁ今　勝先生のもと
強豪バスケチームを作ることに
闘志を燃やしてんだよ！
この学園を雑草ヤンキー校ではなく
世界で通用するスポーツ名門校に
してみせるぜ！
バスケ王に俺はなる！
邪魔《ジャマ》
どけよ
あ
どーも
俺
転校生の
坂本龍馬
聞いてねーし
おいおい
ガラ悪《わ》りーな！
めっちゃ好みのタイプだけれども！
おま…
江戸校にカノジョ
いるだろーがよ
めっちゃ怖いのが
To Be Continued・・・

ホントはこんな話

1603年の徳川家康《とくがわいえやす》による徳川幕府樹立から、1868年の江戸開城まで、265年間続いた江戸時代。江戸城に「上様〜！」と呼ばれる将軍がいて、大奥《おおおく》があって……という時代劇でおなじみのあのイメージですね。誤解されがちですが、江戸時代でも日本の一番エライ人（君主）は天皇で、京都には天皇を長とした朝廷があり、将軍（征夷大将軍《せいいたいしょうぐん》）とは天皇から与えられた朝廷の中の一官職に過ぎません。しかし政治的実権を握っているのは徳川将軍家で、天皇は権威はあるけど権力は失っているという状態だったわけです。

ところが「幕末」と呼ばれる江戸時代末期になると、徳川幕府も徐々に力を失っていきます。相次ぐ天災や大飢饉《ききん》。なのに将軍様はなかなかのバカ殿続き（失礼！）で、老中《ろうじゅう》や若年《わかどし》寄《より》といった官僚が政治を担い、いろいろと財政改革を試みるもことごとく失敗、戦こそないものの庶民の生活は苦しく鬱憤《うっぷん》は溜まっている。そんな中、まさに「泰平《たいへい》の眠りを覚ます」がごとく現れたのがアメリカのペリー率いる黒船でした（1853年）。西欧諸国に植民地にされかねない危機的状況の中、人々は再び天皇をリーダーに新しい世の中を作りたいと考え、「尊王攘夷《そんのうじょうい》運動」（天皇を尊び外国を排斥する思想）が高まります。幕府でさえも単独での政権維持を諦《あきら》め、天皇と協力して政治をする道（公武合体《こうぶがったい》）を採り始めます。

天皇を擁《よう》して幕府を倒そうとする過激派が各地から集まり、天皇のいる京都は大荒れ。治安維持のために、京都守護職に任命された会津藩主・松平容保《まつだいらかたもり》（127頁）の下、警備集団・新撰組《しんせんぐみ》が組織されますが、これまた血の気の多い浪人《ろうにん》を集めた集団。ヤンキーをもってヤンキーを制すようなもので、京都の治安はますます悪化していきました。ちなみに藩を挙げて尊王攘夷の急先鋒《きゅうせんぽう》になったのが長州藩（今の山口県）。朝廷に取り入り大きな発言権を得ていたものの、1863年の「八月十八日の政変」と呼ばれる宮中クーデターで京を追われるのですが、それはまた後ほど詳しく。

さて、本作の主人公たる坂本龍馬《さかもとりょうま》（20頁）。土佐（今の高知県）の下級武士の次男として生まれた彼も、流行《はや》りの尊王攘夷の理想を掲げて28歳の時に土佐を脱藩――ドロップアウトしますが、各地を点々として色々な人に会い見識を深めるうちに、攘夷論の先に日本の未来はないことを悟ります。そんな時に出会ったのが、後に徳川幕府の軍艦奉行となる勝海舟《かつかいしゅう》（75頁）です。幕臣として渡米したこともある勝は先進的な考えを持っており、外国との貿易と海軍設立の重要性を主張していました。その考えに感銘を受けた龍馬は彼のもとに弟子入り。勝の右腕となって神戸海軍操練所の設立に奔走することとなったのです。

坂本龍馬《さかもとりょうま》

1835～1867年。江戸末期の志士、土佐藩郷士。才谷梅太郎《さいたにうめたろう》という変名も。

坂本龍馬は土佐の郷士（下級武士）の次男として生まれました。郷士と言っても坂本家は高知城下屈指の豪商・才谷家の分家で、郷士株を持つ裕福な家でした。黒船来航時、龍馬は剣術修行の名目で江戸に自費遊学しており、土佐藩士として江戸湾警備に駆り出されています。巨大な艦隊を目撃してカルチャーショックを受けたか、土佐帰国後にはジョン万次郎の取り調べをした絵師・河田小龍《かわだしょうりょう》を訪ねて海外事情について学び、海運の重要性に開眼したようです。1862年に脱藩し各地を点々としたあと、幕府軍艦奉行・勝海舟《かつかいしゅう》（75頁）の弟子となり、神戸海軍操練所立ち上げに尽力。操練所閉鎖後は薩摩藩の庇護《ひご》の下、私設海軍兼貿易結社・亀山社中《かめやましゃちゅう》（後の海援隊《かいえんたい》）を設立し、敵対していた薩摩藩と長州藩の仲立ちをして薩長同盟を締結させます。土佐藩参政・後藤象二郎《ごとうしょうじろう》（107頁）に「船中八策《せんちゅうはっさく》」と呼ばれる新政府基本方針案を提示し、それが徳川慶喜《とくがわよしのぶ》（125頁）による大政奉還《たいせいほうかん》につながったとされています。1867年京都の近江屋にて暗殺され、33歳の激動の人生を終えました。

中岡慎太郎《なかおかしんたろう》

１８３８～１８６７年。江戸末期の志士。土佐藩陸援隊《りくえんたい》隊長。変名は石川《いしかわ》清之助《せいのすけ》。

超メジャーな坂本龍馬《さかもとりょうま》に対して、マイナー感の否めない中岡慎太郎。知っていたとしても「龍馬と一緒にいて暗殺された人でしょ」くらいの認識だったり。でも実は、幕末維新における功績は龍馬より大きいとさえ言われているんですよ。薩長同盟の必要性に龍馬よりも早く気づき、文字通り東奔西走して両者を説得、色々なお膳立てをしています。公卿の中で敵対していた三《さん》条実美《じょうさねとみ》と岩倉具視《いわくらともみ》の仲を取り持ったのも慎太郎。調整能力に優れていたのかもしれませんね。言動が派手な龍馬のほうが目立っちゃうんですが、真面目にコツコツ参謀《さんぼう》タイプの慎太郎と、柔軟で実行力と瞬発力があるカリスマタイプの龍馬、ふたりが両輪となって、時代を倒幕・明治維新へと大きく動かしたと言えるのではないでしょうか。ちなみに慎太郎は高知の農村で名字帯刀を許された大庄屋の長男として生まれましたが、村が飢饉《ききん》の時にはあちこち駆け回って大量のサツマイモをゲットしてきたり、偉い人に陳情して貯蔵米を開放してもらって村民を救済し、感謝と尊敬を得たという逸話も。

尊王攘夷《そんのうじょうい》ってなんじゃらほい？

徳川経営陣は外資からの買収圧力に抗って苦肉の策で姉妹校提携だけ結んだんだがな
事務長 マズいのでは…
しかし仕方あるまい…
ダイジョブダイジョーブ
外資嫌いで有名な孝明《こうめい》理事長は激怒したらしい
勝手なことしおって!!
理事長万歳!って考えが尊王 外資クソクラエって考えが攘夷
要するに理事長に経営権を握ってもらって外資を排除しようってのが尊王攘夷なんだけど
徳川学園長の経営が散々なだけに徳川降ろしの運動にもなっちまってるわけよ
外資出て行け!!
徳川ヤメロー!!
徳川NO!!
外資出ていけ
乗っ取り反対
徳川ヤメロ
NO
徳
なんかわからんが騒いでやれ～
ま
尊王攘夷に乗っかって鬱憤《うっぷん》を晴らしたいだけのヤンキーも多いんだけどな
「バイオレンスな高校ですが僕は元気です 乙女《おとめ》姉さんも元気でね」
ふ～ん…
坂本って姉ちゃんと仲いいんだな
姉ちゃん乙女っての?
ああ! 最高の姉ちゃんなんだぜ!
最高の乙女姉さんかぁ…
龍馬がお世話になってます♥
ほわわわぁん
りょーまー!
乙女
実物↑
乙女なのは名前だけな…
To Be Continued・・・

ホントはこんな話

龍馬《りょうま》（20頁）が生まれた天保年間は、天保の大飢饉《ききん》や大塩平八郎《おおしろへいはちろう》の乱が起きた時代。破産寸前の財政を立て直すべく老中・水野忠邦《みずのただくに》が天保の改革に乗り出すも失敗に終わります。一方、国外では中国・清《しん》とイギリスの間でアヘン戦争が起き、清が惨敗。かつての大国・清をコテンパンにした西洋の圧倒的な軍事力に日本は驚愕《きょうがく》し、明日はわが身かと危機感を募らせました。

そして遂に1853年、ペリー率いるアメリカの艦隊が浦賀（当初は久里浜）に来航。「断れば戦争だぞ」と脅された幕府は、仕方なく翌年に日米和親条約を、1858年には日米修好通商条約を締結させられます。この日米修好通商条約、あからさまに日本が損な不平等条約であるうえ、孝明《こうめい》天皇の許しを得ないまま締結されたものでした。孝明天皇は異人嫌いで有名なお方で、条約締結には大反対だったからです。

徳川幕府のダメっぷりに、いよいよ「幕府に任せてたらヤバいんじゃないの?」という空気が満ち、「天皇に政治の中心に戻ってもらって、外国人を追い出し鎖国《さこく》を維持しよう!」という機運が高まります。これが「尊王《そんのう》（天皇を敬《うやま》い）攘夷《じょうい》（外国を排斥する）」という思想です。

尊王攘夷は、この時代の閉塞《へいそく》感の中で不満を募らせていた下級武士の間で主に盛り上がり、龍馬のように「俺は世の中をもっと良くしたいんだ！」という理想に燃えて脱藩する若者も増えました。そして、下級武士だけに留まらず藩の方針にまで発展させたのが長州藩です。長州藩は「破約攘夷（通商条約を反故《ほご》にして再び鎖国！）」を主張して異国嫌いの孝明天皇に気に入られ、朝廷内での立場を強めていきました。龍馬の出身地、土佐藩（現高知県）でも下級武士が中心となって尊王攘夷を掲げる政治結社・土佐勤皇党《とさきんのう》を結成。土佐を長州のような尊攘派のリーダーにするべく、藩政に強く働きかけました。ただ、尊王攘夷派は勢いを増すに従ってどんどん過激になり、「天誅《てんちゅう》（天に代わって成敗《せいばい》！）」の名を借りて反対派を次々に暗殺するなどやりたい放題。また、尊王攘夷という大義名分に乗っかって、無関係な犯罪行為や鬱憤《うっぷん》晴らしのような殺人を働く輩《やから》も増え、世情をますます混乱させたのです。

それに対し幕府は、「幕府は天皇を敬ってます！　朝廷と協力して政治をします！」という政策を打ち出して対抗。それが「公武合体《こうぶがったい》政策」です。天皇の威を借りつつ政権を維持しようとしたわけですね。

龍馬の手紙と坂本家の人々

龍馬《りょうま》はとっても筆まめで、色々な人にたくさんの手紙を書いています。桂《かつら》小五郎《こごろう》（58頁）に宛てた薩長同盟の裏書き（保証文）や、大政奉還《たいせいほうかん》直前に後《ご》藤象二郎《とうしょうじろう》（107頁）と交わした緊迫感溢れるやりとりなど、歴史上大きな意味を持つものもたくさんありますが、読んでいて面白いのは、何と言っても姉・乙女《おとめ》をはじめとする故郷の家族に宛てて書いた手紙。軽いノリで伸び伸びと自由に書かれていて、当時の出来事の裏側や、龍馬の飾らない本心が生き生きと伝わってきます。「三ツポンを今一度せんたく（洗濯）いたし申候」という有名な言葉も、乙女への手紙に書いた言葉なんですよ。乙女への手紙が、

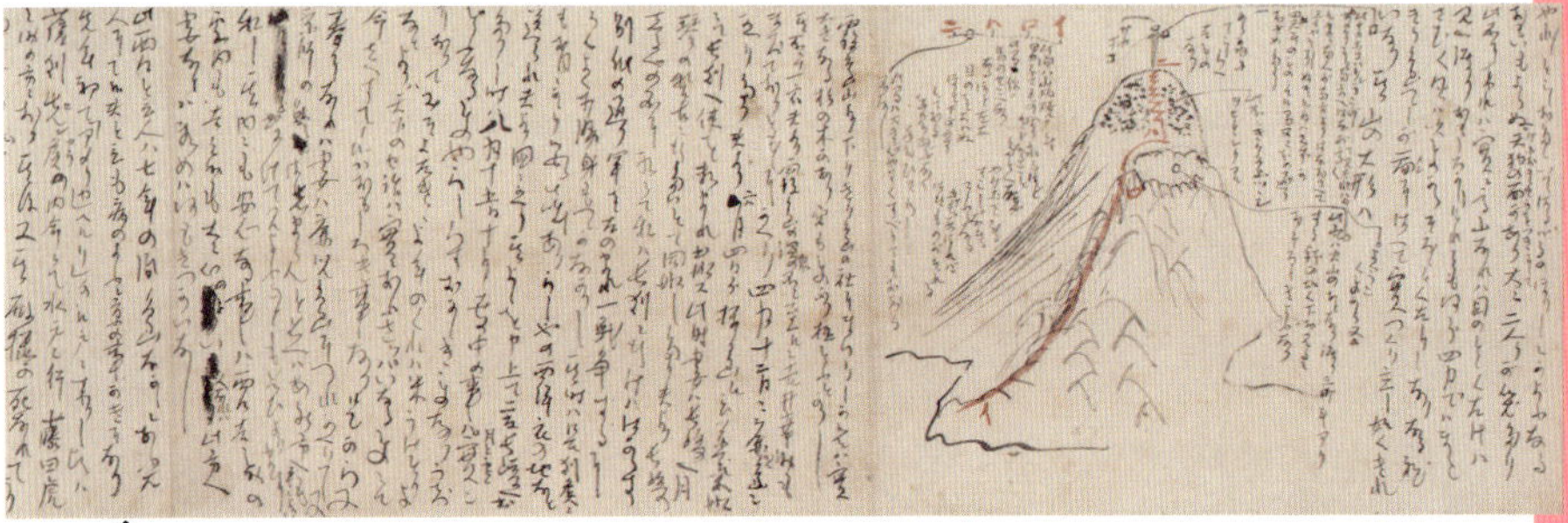

慶応二年十二月四日　乙女宛
（京都国立博物館蔵）

薩長同盟締結後に寺田屋で伏見奉行捕方に襲撃され負傷した龍馬が、湯治を兼ねてお龍と霧島温泉に行った時のことを詳しく書いた手紙。お龍の売り込み大作戦（彼女のお陰で助かった！）に始まり、霧島山の高千穂峰に登山したときの様子を詳しい絵入りで面白おかしく書いたあと、西郷の人となりについて書き、最後は「12月4日の夜に書きました」と締められています。12月4日は父・八平の命日でした。

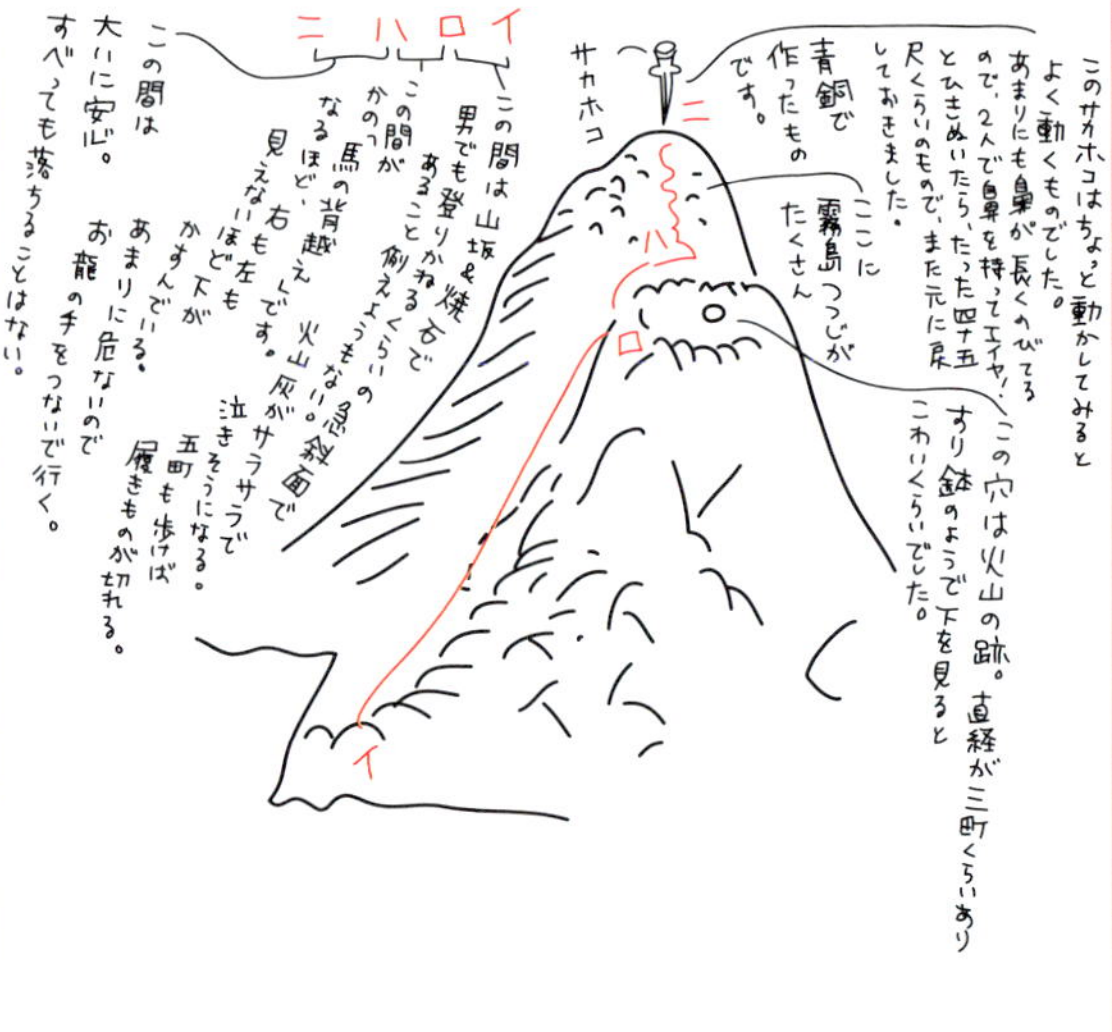

冗談も満載で一番ノリが良く、兄・権平《ごんぺい》宛の文面は少しだけ真面目。一方姪の春《はる》猪《い》宛のものはほぼ冗談しか書いていないといって良いほどです。しかしどの手紙からも、家族との深いつながりや愛情が伝わってきます。龍馬が厳しい身分制度のある土佐にいながら、特にコンプレックスもなくそうに伸び伸びと育ったのは、裕福な元商家の生まれということもあるのでしょうが、何よりも大らかで愛情深い家族に囲まれて育ったということによるところが一番大きいのではないでしょうか。

権平《ごんぺい》（兄）

21 歳年上の龍馬の兄。龍馬には自分の跡を継いで欲しいと願っていたため、脱藩には反対していたが、後々は龍馬の活動に理解を示し、弟を支援した。

千野《ちの》（義姉）

権平の妻。

伊与《いよ》（義母）

父・八平の後妻。元の嫁ぎ先の廻船問屋・川島家に、よく龍馬たちを連れて行った。川島家の当主は「ヨーロッパさん」との異名も持つ西洋通で、よく龍馬たちに世界地図を見せてくれたという。

乙女《おとめ》（姉）

早くに亡くなった母に代わり
龍馬をたくましく育てたビッグシスター。
身長 170cm 以上、体重 100kg 超という、
当時としてはかなり大柄な女性で、
薙刀や剣術、馬術にも長けていたため
「坂本のお仁王様」との異名も。

春猪《はるい》またはおやべ（姪）

権平の長女。龍馬に可愛がられていたようで春猪への手紙も多い。しかし彼女のアバタ面をからかうなど、ちょっと女子に対しては失礼なんじゃないの〜って内容も多し。

若き学園長・モッチーの悩み

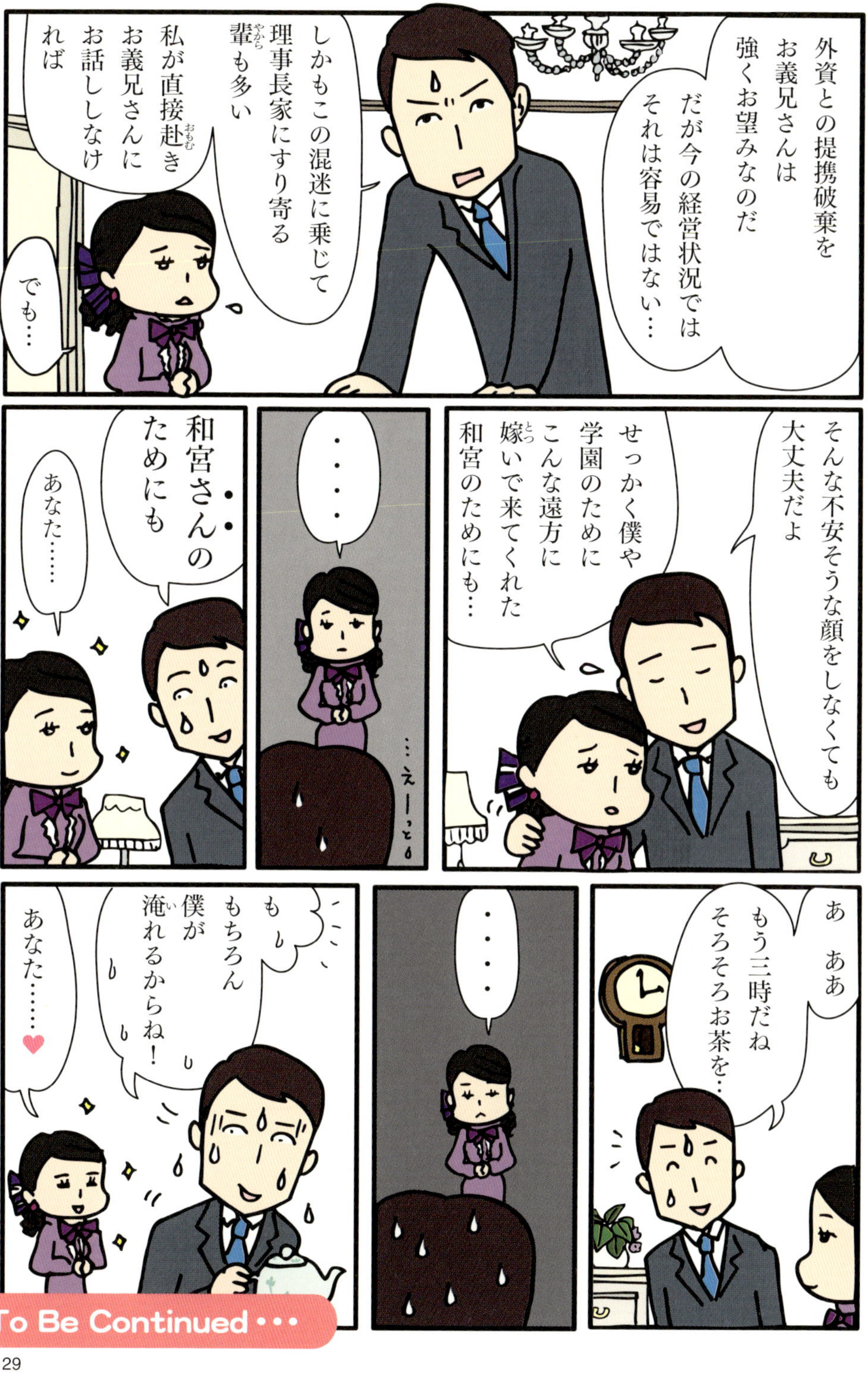

To Be Continued・・・

若きモッチーの悩み2

私は経営不振にあえぐ
徳川学園のため
オーナーである理事長一族から
徳川家へ嫁いできた
いわば政略結婚だ
はじめこそ政治の犠牲になる
我が身を嘆《なげ》いたが
夫は思いがけず
優しく誠実で
聡明な人だった
夫は
学園長就任前には
派閥《はばつ》争いに
巻き込まれ
【学園長候補】
一橋《ひとつばし》 慶喜《よしのぶ》
一橋派
VS
南紀派
若くして学園長に
就任してからは
先代までの
失策のせいで
山積した問題の
責任者として
矢面《やおもて》に立たされ
今は私の実家である
理事長家との
板ばさみになりながらも
学園の建て直しに
命がけで取り組んでいる…
そんな夫の姿に
私もいつしか…
この人の
力になりたい
フラ
フラ
ただ!
ギラン
関節痛い…
アタタ
歯も…
歯も痛いよう
虫歯で
病弱!
病弱ゥ!!
To Be Continued・・・

ホントはこんな話

西欧諸国からの圧力に揺れる中、第十四代将軍に就任したのが紀州藩主だった徳川家茂《とくがわいえもち》（32頁）です。家茂を推す南紀派と、前水戸藩主の七男・一橋慶喜《ひとつばしよしのぶ》（125頁）を推す一橋派に分かれての激しい後継者争いに勝利しての就任でしたが、南紀派の大老《たいろう》・井伊直弼《いいなおすけ》が一橋派や尊《そん》王攘夷《のうじょうい》派に対する大規模な弾圧（安政《あんせい》の大獄《たいごく》）を行ったあとに桜田門外《さくらだもんがい》で暗殺されるという大事件が起こり、幕府の権威は失墜《しっつい》、尊王攘夷運動が激化します。

尊王攘夷運動の高まりに対抗するため、幕府は、天皇や朝廷と協力して政治をする「公武《こうぶ》合体《がったい》政策」を打ち出します。幕府も「尊王」ですよ、という体裁をとり、尊王攘夷派の反感を逸《そ》らせようとしたわけですね。

その「公武合体」の象徴が家茂と皇女和宮《かずのみや》（33頁）の結婚でした。当初、和宮が拒否したため兄である孝明《こうめい》天皇（129頁）も難色を示していましたが、公武合体アピールのため何としても将軍と皇女の結婚を実現したい幕府は、攘夷の決行（外国を追い払うこと）を条件に、和宮降嫁《こうか》の承諾を得たのでした。ってまたまた幕府、攘夷の決行だなんて実現不可能な約束しちゃって、大丈夫なんでしょうか？

そんなこんなで幕府がゴリ押しした政略結婚ではありましたが、家茂の温かい人柄もあって和宮も心を開き、歴代将軍の中で最も夫婦仲が良かったとも言われているんですよ。

徳川家茂《とくがわいえもち》

1846〜1866年。徳川幕府第14代将軍。将軍就任前は徳川御三家紀州藩第13代藩主。

家茂を担ぐ南紀派と慶喜《よしのぶ》（125頁）を担ぐ一橋《ひとつばし》派の熾烈な将軍後継者争いに勝利して第14代将軍となったとき、家茂は13歳。若いながらも、聡明で思いやりのある人格者だったようで、部下にも慕われ、愛妻家で（側室も持ってませんよ）、好感度高いエピソード多々。後に出てきますが、業績は素晴らしいのにどうも嫌な奴に思われがちな慶喜とは、なんだか正反対のキャラ。幕府が一番混迷していたときに将軍に就任し、実力を出し切れぬまま病に倒れて急逝《きゅうせい》しましたが、長生きさえしていたらもっと活躍できたのではとも言われています。死因は当時「江戸わずらい」とも呼ばれた脚気《かっけ》。脚気は豚肉や胚芽に含まれるビタミンB1の欠乏が原因ですが、肉食が禁止されていた当時、玄米ではなく白米を食べていた上級武士が多く罹《かか》っていました。しかも家茂は無類の甘党で、虫歯もひどかったうえに、糖分はビタミンB1を消費するため脚気を更に悪化させたようです。

和宮《かずのみや》

1846～1877年。仁孝《にんこう》天皇の第八皇女で孝明《こうめい》天皇の異母妹。徳川幕府第14代将軍・徳川家茂の正室。諱《いみな》は親子《ちかこ》。出家後の院号は静寛院宮《せいかんいんのみや》。

京を離れて江戸の武家に嫁ぐなんて、究極のお嬢様・和宮には耐え難いことでした。しかも彼女には兄に決められた許婚《いいなづけ》・有栖川宮熾仁親王《ありすがわのみやたるひと》がいたのです。公武合体《こうぶがったい》のために嫌々了承した政略結婚でしたが、同い年の夫・家茂《いえもち》（32頁）は思いがけず誠実で優しい人柄でした。たった4年の短い結婚生活でしたが、2人のほっこりエピソードが数々伝わります。第二次長州征伐中に亡くなった家茂の形見として届けられたのは、彼が和宮への土産に買った西陣織でした。受け取った和宮は涙ながらに「空蝉《うつせみ》の唐織り衣なにかせん　綾も錦も君ありてこそ」と詠んだと伝わります。32歳で病死した時、遺言により家茂の隣に埋葬されました。昭和の発掘調査で、副葬品の中から直垂《ひたたれ》に烏《え》帽子《ぼし》姿の青年が写った湿版写真が見つかります。残念ながらその後の保存が悪く画像が消えてしまい、写っていたのが誰かは謎ですが、家茂だったのではと言われています（違ったら逆にビックリですが）。

ヤンキー少女・純情派

龍馬たちが暮らす 大仏南門寮《だいぶつみなみもん》
チュンチュン
ふあああああ
おはよ〜 おばちゃん 朝飯〜
あれっ? お龍《りょう》ちゃん?
なんでここに?
これウチの長女なのよ
寮母さん
えー! マジ? そうだったの?
やっぱ運命感じるよね〜
俺ら「龍」の字も一緒だしさ!
ガタッ
感じねーよ
うぜーなっ
お前もめげないね〜
慎ちゃんすごい寝グセだね
照れてるだけだって
どこまでも前向きなヤツだな
そーそー 口悪いけど意外と可愛いとこあんのよ
龍馬くん 貰《もら》ってやってよ

それにああ見えて家族想いなのよ～

ウチはダンナに死に別れて女手ひとつで娘たちを育てたんだけど
ある時 借金のかたに次女の光江《みつえ》がヤクザに連れて行かれて…

どうしようお龍…！

あたしが取り返してくる！

ってヤクザのアジトに単身乗り込んで…

あたしの妹を返せよ！

おじょーちゃんやめてよこんなとこで
お姉ちゃん…

無理だってんならあたしを殺してからにしてもらおーか！

ホラ殺せ！

殺せよ！

JK cafe
なんだなんだ
って啖呵《たんか》切って光江を取り返してきたりね～

無茶しすぎ…

一緒に売られちゃうよ
スゲーな！

さすがお龍ちゃん…

その次は三女の君江《きみえ》が別の奴らに連れて行かれたんだけどそん時も乗り込んでくれてね～

…おばちゃん娘連れて行かれすぎだろ

やっぱいいわ～ お龍ちゃん
だーからお前には江戸校に美しくも恐ろしいカノジョがいるだろーがよ
さなちゃんね～
いやもちろん大好きなんだけどさ～
距離ってやっぱり障害だよね～
剣道三段 薙刀二段 国体優勝経験アリ
【江戸校・女子武道部主将】
千葉《ちば》佐那《さな》
ヤメロ おまえ 二股《フタマタ》発言は女性読者が減る
あっ！
おりょーちゃーん
おかーさんから交際許可もらったよ！
公認だネ♥
んなっ
ちゅっ
何しやがんだーーーーー！
ドゴッ
…ウブなのね…
バカだね～
To Be Continued・・・

楢崎《ならさき》龍《りょう》

1841〜1906年。中川宮《なかがわのみや》の侍医・楢崎将作《しょうさく》の長女として生まれる。通称・お龍。1864年頃、坂本龍馬《さかもとりょうま》の妻となる。

お龍は、母が方広寺大仏殿近くの土佐脱藩浪士たちの隠れ家で賄《まかな》いとして働いていた縁で龍馬と出会います。なかなか強気な女性だったようで、妹が人買いに攫《さら》われた時や不逞《ふてい》浪士が夜這《よば》いしてきた時など、大の男相手にひるむことなく短剣片手に啖呵《たんか》を切って撃退！　といった類《たぐい》の武勇伝が多々。龍馬も乙女《おとめ》宛の手紙の中で「面白くて強い女！」と猛烈アピールしています。「家は要らない。船で外国を周りたい」と言ったり、男装して龍馬たちと茶屋で遊んだりと、自由奔放な面が龍馬には魅力的だったようですが、龍馬の仲間たちからは嫌われており「美人だけどちょっとどーなの」「素行が悪すぎる」と散々な評価。浮かんでくるのは、根は一途でいい子なんだけど誤解されやすいヤンキー娘って感じでしょうか。龍馬の死後は遺言に従って土佐の龍馬の実家に身を寄せますが、家族と反《そ》りが合わず（そうでしょうね）程なく出奔《しゅっぽん》。横須賀で再婚し、明治の世を66歳まで生きました。

龍馬君とお龍ちゃん

To Be Continued・・・

ホントはこんな話

シスコン気味の龍馬《りょうま》さん、つき合ったカノジョのことも逐一《ちくいち》姉・乙女《おとめ》に手紙で報告しています。まずは高知時代の恋人・平井加尾《ひらいかお》。土佐勤皇《とさきんのう》党の平井収二郎《ひらいしゅうじろう》の妹で、収二郎が切腹させられた際には「加尾の嘆きはいかばかりか」と気遣っています。

次に、江戸での剣術修行の師、北辰一刀《ほくしんいっとう》流の千葉定吉《ちばさだきち》の娘・佐那《さな》。シスコン龍馬は乙女のような強い女性が大好きだったようで、彼女のことを北辰一刀流の免許皆伝で乗馬や薙刀《なぎなた》も相当の腕前だと手紙の中でベタ褒《ぼ》め（実際彼女は宇和島伊達《だて》家の姫君の剣術指南《しなん》役も勤めたほどの腕前）。強いけれども物静かな美人というクールビューティーだったようで、龍馬は乙女宛の手紙に「容姿は加尾より少し上」などとぬけぬけと書いています。比べんなよっ！2人は婚約までしていたようですが、龍馬が活動拠点を西日本に移した後は自然消滅。その後も独身を貫いた佐那ちゃんは自分の墓に「龍馬の妻」と刻ませたというから泣ける話じゃないですか。一方の龍馬はというと、京都で出会ったお龍《りょう》（37頁）とちゃっかり結婚。お龍は後に「龍馬は江戸に居た頃、『さの』とか言うわがまま女に一方的に好かれて困ったと言っていました」と語っており、幕末の英雄の最低男っぷりが露見しております。ちなみにお龍の手記には「龍馬は取り締りを欺《あざむ》くため、同志との連絡を恋人との手紙のように装っていて、初めは大いに妬《や》きました」ともあるんですが、それもなんだか怪しいぞ。

ハタハタ
誠
ハタ
彼らは徳川学園京都校の治安維持を担《にな》う新撰組
ひとつ 隊員は士道《しどう》に背《そむ》くべからず！
ひとつ 隊員は脱走するべからず！
ひとつ 隊員は勝手に争いごとを裁くべからず！
ひとつ 隊員は借金するべからず！
ひとつ 隊員は私闘《しとう》をするべからず！
風紀を乱す尊王攘夷派《そんのうじょうい》ヤンキーたちを問答無用の鉄拳制裁で取り締まる恐怖の裏生徒会組織であり
川島一号生前に出ーい！
オッス 川島一号生前に出ます！
なぜ修正を食らうかわかっとろうな?
オッス 自分はなんで修正を食らうか全く分からないであります！
貴様今朝新撰組の名をかたり他の生徒から百円借りただろーが！
このタコー！
ドカッ
バシッ
オッス！
組内部もまた厳格な鉄の掟《おきて》により統率《とうそつ》されていた

局長室
さぁ説明したまえ！
誠
この裏生徒会は一体どうなっておるんだ！
こんな暴力組織を生徒指導部としては絶対にほうっておかんぞ！
わしが新撰組局長近藤勇《こんどういさみ》である
【新撰組　局長】
近《こん》藤《どう》　勇《いさみ》
そう言われましても先生方私たちは松平《まつだいら》容保《かたもり》副校長から直々に任命されておりますのでね
【新撰組　鬼の副長】
土方《ひじかた》歳三《としぞう》
誠
そーそー文句があるなら容保副校長に言ってよぉ～
【新撰組　一番隊組長】
沖田《おきた》総司《そうじ》

副校長室
副校長! やつらのやることは めちゃくちゃです!
忠勤忠義
【京都校 副校長】 松平容保《まつだいらかたもり》
問題起こして ばかりなんですよっ
先日だって
相撲《すもう》部と 乱闘騒ぎ
トリャアアァー
どすこい どすこい
購買部を恐喝《きょうかつ》して 揃《そろ》いの特攻服をあつらえる
ピカーン
カツアゲを拒否した 近隣店舗を破壊
ガシャン
バリーン!
しかもやつら 仲間割れして 前局長の芹沢鴨《せりざわかも》たちを 粛清《しゅくせい》したとか
まぁ芹沢も とんだ悪タレ でしたがね
チームMITO
う〜む
しかし正規の生徒会 京都見廻組《みまわりぐみ》では 尊王攘夷派の不良生徒を 制すことはできないのだ…
京都見廻組は 良家の子息ばかり ですからな…
実は私が芹沢を 何とかしろと言ったん だけど…
しかしあそこまでしなくても…

それに元々彼らは
私が京都校に
赴任してまもなくの
臨時募集で入学してきた
他に行き場のなかった
生徒たちでね
そのためか
私にえらく恩義を感じていて
「八月十八日の政変」でも
私のためにと結構な
活躍をしてくれたのだよ
「八月十八日の政変」……それは
理事会で大きな力を持っていた
攘夷派リーダー・長州校の毛利《もうり》校長らを
松平容保副校長や薩摩校の島津《しまづ》校長たちが
理事会から追い出した出来事である
あの功績を称《たた》えて
「新撰組」という
正式名称を
お与えになったんでしたね
…なるほど
初めての
生徒
副校長に
とっては
ヤツらも
可愛い生徒
なんですな
…いや
厄介《やっかい》なのに
懐《なつ》かれちゃった
なって…
押忍!!
次誰を
殺《や》りましょう?
誰も殺らなくて
いいから…
ホント大人しくしてて…
・・・
To Be Continued・・・

ホントはこんな話

全国から尊王攘夷《そんのうじょうい》や倒幕を叫ぶ過激派たちが集まり、幕末の京都の治安は最悪でした。幕府はまず京都の治安維持と御所の警護のため京都守護職という役職を設け、会津藩主・松平《まつだいら》容保《かたもり》（127頁）をそれに任命します。そして松平容保の「預かり」として、京都の警備組織として1863年に結成されたのが、新撰組《しんせんぐみ》の前身・壬生浪士組《みぶろうしぐみ》です。「預かり」とは早い話が「非正規」。実は京都見廻組《みまわりぐみ》という警備組織がすでにあり、そちらが旗本や御家人といったエリートで構成された幕府の正規組織だったのに対し、壬生浪士組は元農民や元商人も含む浪士たちで構成された非正規警備隊でした。

　腕っぷしにだけは自信のある素性《すじょう》不確かなヤンキーの寄せ集めのような集団に、「警備」なんて大義名分を与えてしまうとどうなるか、もう嫌な予感しかしませんよね。ええ、もうやりたい放題です。しかも新撰組初代局長の芹沢鴨《せりざわかも》は傍若無人なうえ、かなり性質《たち》の悪い酒乱。商人に金（しかも法外な大金）をたかって制服や隊旗を揃える。すれ違った力士が道を譲らなかったことに腹を立てて乱闘、力士たちに死傷者まで出す。素行の悪さを会津藩にチクられたことに逆上し、言った奴つるし上げ＆宴会の強要。店のサービスが気に食わないと店内を破壊したあげくに一週間の営業停止を（勝手に）言い渡す……。これはもう「ヤンキーのような」ではなく、ヤンキーそのもの（むしろそれ以下）ですね。内部分裂と勢力争いもお約束で、結成から半年後の1963年9月、近藤勇《こんどういさみ》（46頁）や土方歳三《ひじかたとしぞう》（47頁）らにより芹沢鴨らが暗殺され、以降、近藤勇が二代目局長として隊を指揮することとなります。金の無心を断った京の生糸問屋に放火するなど、芹沢のあまりの悪行に業を煮やした松平容保が、近藤らに暗殺を促したとも言われています。

このちょうど一ヶ月前に、松平容保（会津藩）や薩摩藩が京都から長州藩を追い出したクーデター「八月十八日の政変」が起こっています。壬生浪士組も出動し、御所の南門を警備。「新撰組」という名称はこのときに与えられたものです。

さて、近藤勇の下、新撰組は組織系統を整備し「局中法度《きょくちゅうはっと》」という隊規を定め、厳しく統率されていきます。「士道に背《そむ》いてはならない」「勝手に借金をしてはいけない」「私闘をしてはいけない」「新撰組を抜けてはいけない」などでしたが、違反したものは容赦なく粛清《しゅくせい》。局長の近藤自身もそうですが、農民や商人から成り上がったにわか侍《ざむらい》が多かったせいか、「武士とはかくあるべし！」という士道コンプレックスが凄まじく、士道に背くと即切腹という厳しさ。結局、結成から解散までの間に、倒した敵よりも内輪の粛清による死者数のほうが多かったというから恐ろしい話ですね。

近藤勇《こんどういさみ》

1834～1868年。新撰組《しんせんぐみ》局長。天然理心流《てんねんりしん》剣術四代目宗家。後に幕臣に取り立てられ、甲陽鎮撫隊《こうようちんぶたい》隊長となる。

近藤勇は豪農の三男として生まれましたが、15歳で天然理心流の道場・試《し》衛館《えいかん》に入門するやたちまち頭角を現し、その腕を認められて、実子のいなかった三代目宗家・近藤周助《しゅうすけ》の養子になりました。幕府が将軍警護のために募集した浪士組に、近藤を慕う試衛館の門人たちと共に名乗りを挙げ、それが後に新撰組へと成長していきます。誰よりも「武士らしくあること」を追い求めた彼。武士の時代も終わろうかという戊辰《ぼしん》戦争のさなか、大名クラスに取り立てられたものの、捕縛されたのち、武士として切腹させては貰えず斬首刑になったのが切ない。余談ですが、近藤は「不美人のほうが貞淑《ていしゅく》なので、妻は不美人に限る」なんていう大変失礼かつ根拠のない持論を述べて妻・ツネと結婚したらしいのですが、ツネの写真を見ると別に不美人でもないぞ。それより、彼女が近藤の稽古着に刺繍した絵心ない芸人みたいな変なドクロの絵柄のほうがよっぽどインパクトあったりして……。

土方歳三《ひじかたとしぞう》

1835〜1869年。新撰組《しんせんぐみ》副長。

土方歳三は「石田散薬」という薬の製造販売を副業として行う豪農の末っ子として生まれました。奉公に出たものの女中と不適切な（?）関係になり追い出され、家業の薬の行商をしながら剣術修業に勤しんだようです。姉の夫が近藤勇《こんどういさみ》（46頁）と義兄弟の契りを結んでいた縁で近藤と知り合い、試衛《しえい》館《かん》に入門。以降、近藤と共に激動の時代を生きることになります。残された写真からもわかりますが、「眉目清秀《びもくせいしゅう》にしてすこぶる美男」と描写されるなど当時からイケメンとしての評価は高く、女性にもだいぶモテたようですよ。新撰組が京で屯所《とんしょ》（陣屋）として使っていた壬生の八木《やぎ》家の当主・源ノ丞《げんのじょう》も「土方は役者のような男だ」と言っていたと伝わります。しかし新撰組の統制に関しては厳格にして冷徹。鉄の掟「局中法度《きょくちゅうはっと》」のさらに上を行く恐怖の掟「陣中法度《じんちゅうはっと》」（組頭討ち死にの場合は組員も全員その場において戦死すべし！　とか逃げることは絶対禁止！　など）を制定し、少しでも規律に反せば即切腹！　という厳しさで、「鬼の副長」と恐れられました。

沖田総司《おきたそうじ》

1842(?)~1868年。新撰組《しんせんぐみ》一番隊組長及び撃剣師範。

沖田総司は陸奥国白河藩士の長男として生まれましたが、4歳の時に父が死去。家督を継ぐには幼すぎたため姉の夫が沖田家を継ぎ、総司は9歳の時に試衛館の近藤周助《こんどうしゅうすけ》に預けられる形で内弟子になりました。周助の養子で8歳年上の近藤勇《いさみ》（46頁）のことを師とも兄とも慕っていて、新撰組としての活動も、ポリシーや理想があったというよりは、ただただ近藤を慕ってついて来たという感じだったようです。剣の腕は天才的で、まさに新撰組最強レベル。本気で立ち会えば師匠の近藤でも敵わなかっただろうと言われています。新撰組の屯所《とんしょ》・八木《やぎ》家の息子・為三郎《ためさぶろう》は後年沖田のことを「いつも冗談を言っていて、真面目なときはほとんど無かった」「鬼ごっこをするなど、私たち子どもとよく遊んでくれた」と懐述しています。で、やはり気になるのはそのルックス。写真や肖像画が残っておらず、たいがいイケメンキャラに描かれる沖田ですが、「ヒラメみたいな顔だった」という証言があり、あまりご期待には添えない感じです、すみません。

他にもいるぜ！新撰組《しんせんぐみ》！

斎藤《さいとう》 一《はじめ》
（1844〜1915年）

三番隊組長。

新撰組の中でも一、二を争う剣豪とされていますが、数々の内部粛清《しゅくせい》の実行役だったとか、近藤の指示で御陵衛士《ごりょうえじ》（新撰組から分裂した組織）にスパイとして潜り込んでいたとか、実は龍馬《りょうま》の暗殺犯だとか、ダークでミステリアスな噂多し。

戊辰戦争で会津藩と共に戦い、会津落城後は「これを見捨てるは誠義にあらず」と、旧幕府軍と共に仙台へ転戦する新撰組とは別れて、会津藩と運命を共にします。元会津藩大目付の娘と結婚し（仲人は松平容保）、維新後は警視庁に勤務し、72歳まで生きました。奇《く》しくも、斉藤と永倉は同じ年に亡くなっているんですよ。

新撰組時代も維新後も、自ら多くは語らず、寡黙を貫きました。

永倉《ながくら》 新八《しんぱち》
（1839〜1915年）

二番隊組長。

松前藩江戸定府取次役の次男という、新撰組には珍しいええとこのボン。好きな言葉は「義気」で、「がむしゃら新八」略して「がむしん」と呼ばれてたってくらいだから、爽やか熱血漢という感じでしょうか（って、こんなキャラ絵描いといてなんですが)。近《こん》藤勇《どういさみ》が調子に乗りはじめた時には、切腹覚悟で松平容保《まつだいらかたもり》に訴えたなんていう、いかにも熱血漢なエピソードも。彼も新撰組最強剣士に名が挙がる一人で、「沖田総司《おきたそうじ》よりも強かった」という隊員の証言もあるほど。池田屋事件でも活躍しました。

戊辰《ぼしん》戦争後は松前藩に帰参し、77歳まで生きました。彼の記した『新撰組顛末《てんまつ》記』は、新撰組内部事情を伝える貴重な資料となっています。

年	月日	出来事	月日	龍馬はその頃…	年齢	月日	新撰組はその頃…
1835（天保六年）			11月15日	土佐で誕生	1		
1853（嘉永六年）	6月3日 6月	ペリー来航 家慶没、家定が第13代将軍を継ぐ	3月15日	江戸に剣術修行のため遊学	19		
1854（嘉永七年）（安政元年）	3月3日	日米和親条約　締結	6月23日	土佐帰国	20		
1856（安政三年）	7月21日 11月	ハリス来日 篤姫、将軍家に輿入れ	8月20日	再び江戸へ遊学	22		
1858（安政五年）	4月23日 6月19日 7月 9月	井伊直弼、大老に就任 日米修好通商条約　締結 家定没、家茂が第14代将軍を継ぐ 安政の大獄が始まる					
1859（安政六年）	5月	神奈川・長崎・函館　開港					
1860（万延元年）	1月 3月3日	勝海舟ら咸臨丸で渡米 桜田門外の変					
1861（万延二年）（文久元年）	8月 12月	武市半平太が土佐勤皇党を結成 和宮降嫁	9月	土佐勤皇党に加盟	27		
1862（文久二年）	4月8日 7月 閏8月	吉田東洋が土佐勤皇党に暗殺される 一橋慶喜が将軍後見職に就任 松平容保が京都守護職就任	1月14日 3月24日 10～12月	久坂玄瑞を訪ねる 脱藩 勝海舟の門下生となる	28	12月	幕府が浪士組募集
1863（文久三年）	3月4日 4月20日 5月10日 7月2日 8月18日 9月21日	将軍家茂、上洛 家茂、攘夷期限を5月10日と上奏 長州藩が下関で外国船を砲撃 薩英戦争 八月十八日の政変 土佐勤皇党への弾圧が始まる	2月25日	脱藩罪を赦免される	29	1～2月 3月10日 6月3日 9月16日 10月頃	近藤ら募集に応じ京都へ 京都守護職預かりとなる 大坂力士と乱闘 近藤勇らが芹沢鴨らを暗殺 新撰組の隊名を授かる

第2章 長州校 絶体絶命！編

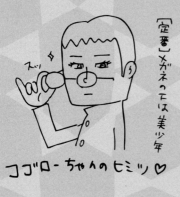

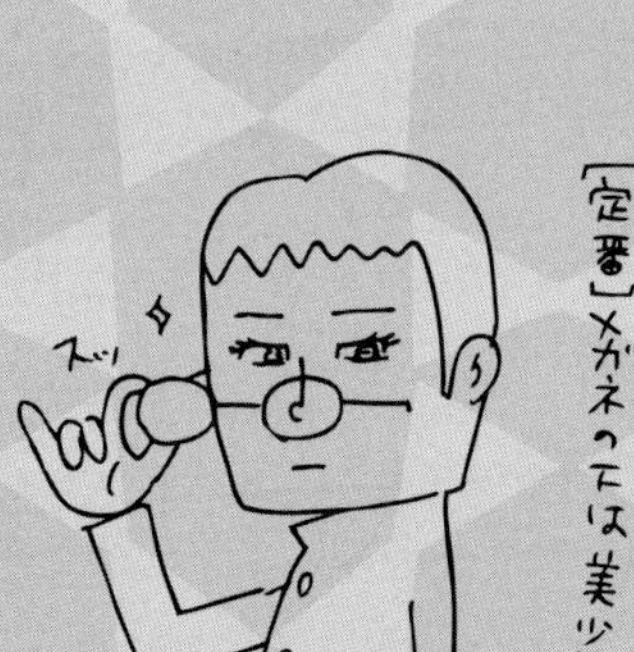
スッ
【定番】メガネの下は美少年
コゴローちゃんのヒミツ♡

偏差値高いぜ！長州校！

ん？ あれ慎ちゃん じゃね？
ニャァ…
しーんちゃん！
な〜にコソコソ 女の子 口説いてんのよ〜
ぶっ！
あれっ？
……
ちょ、おま… 離せよ!!
コゴローちゃんじゃん！
久しぶり〜！ 相変わらずベンキョー してんの？
や やぁ久しぶり
【長州校生徒会副会長】
桂《かつら》 小五郎《こごろう》
てっきり人目を忍んで 女の子とイチャイチャ してるんだと思ったぜぇ
何してんのよ こんな人目に つかない場所で
バーカ
お前も知ってるだろ 長州校は今 やべぇ立場だから
そうなんです 「八月十八日の政変」 以来
あ〜….

長州校は
カリスマ講師・吉田松陰《よしだしょういん》が運営する
名門予備校に通う生徒が
多いこともあって
今でしょ!!
いつ学園を変えるの!?
古くない!! 古くなんかないぞ!!
【カリスマ塾講師】
吉田《よしだ》 松陰《しょういん》
傾く徳川学園の中にあっても
高い偏差値を保ち続ける
進学校である
長州の生徒って
カシコなのにめっちゃ熱いよね〜
松陰先生の
教えのお陰《かげ》です!
ふ〜ん…
メガネがお揃《そろ》いなのも
松陰先生の教えなの?
・・・・・
無能な徳川経営陣のせいで
学園のレベルがどんどん
下がっている
しかも外資に乗っ取られるかも
しれないなんて我慢できません!
代々の徳川学園長の
経営力不足のせいで
今は孝明《こうめい》理事長と理事会の
力が強まっています
学校方針として
尊王攘夷《そんのうじょうい》を掲げる我が校は
外資嫌いの孝明理事長から
大きな信頼を得ていて
毛利校長も理事会内で存在感を
かなり強めていたんです
【長州校 校長】
毛利《もうり》 敬親《たかちか》

理事会にて
外資との姉妹校提携は孝明理事長の承認なしに勝手に締結されたもので大問題です！
これは破棄するべきだ！
うむうむ
まったくです
【徳川学園 理事】三条《さんじょう》 実美《さねとみ》
いつまでに破棄するか約束していただきたい！
ご 五月十日までに…
こいつ危険！今更《いまさら》破棄とかできるわけがない！
毛利校長を危険視した学園長や松平京都副校長薩摩校の島津《しまづ》校長が策略をめぐらせ毛利校長たち攘夷派を理事会から締め出した
お通しできませんっ!!
それが「八月十八日の政変」である
以来 攘夷派への締めつけが急激に厳しくなり
僕たち生徒も新撰組の迫害から逃げる日々ですよ
俺ら土佐堀校の山内《やまうち》校長が土佐勤皇《とさきんのう》党を大量処分したのもそれキッカケだもんな
俺ちょーど長州校の夏休み特別講習合宿に来てたから助かったんだよ
土佐堀帰ったらヤバそうだったからそのまま京都校に編入したってわけ
長州校の特別講習？慎ちゃんカシコっ！
はっ そーいやメガネだ!!

俺はさ実際に長州でのハイレベルな授業に触れたからこそ
あの優秀なヤツらがこのまま潰されていって良いわけがない！って思うんだよ
長州の力がこれからの学園には必要なんだ！
ありがとう中岡君
僕たちもこのまま潰される気はありませんよ！
長州校の復権をかけて色々と計画を練《ね》っているところです！
坂本君はバスケですか
ああ！BS《ブラックシップス》みたいなチームを作りたくてな！
BSの試合僕も観ましたがすごかったですね
まずトッププレイヤーの3ポイントの成功率が驚異的というのもありますがチーム全体のフィールドゴール成功率も50％以上と非常に高いんですよね　そしてやはり特筆すべきはディフェンスリバウンドの巧みさですぐさま速攻に繋げることができた場面も多く…
・・・・
？
コゴローちゃん！
はは
はい
その優秀な頭をスポーツに活かしてみないかっ！
ええええ〜!?
なんか面白い展開になってきた！
To Be Continued・・・

ホントはこんな話

長州藩は外様《とざま》大名ではありましたが、江戸時代後期には産業の育成や新田開発に成功、更には大きな声では言えないけれど、外国との密貿易によってガッポリ財を蓄え、雄藩《ゆうはん》（勢力の強い藩）のひとつとなっていました。またカリスマ教育者（？）吉田松陰《よしだしょういん》の私塾・松下村《しょうかそん》塾《じゅく》からは、多くの有能な人材が輩出され、危機感を持って日本の未来を真剣に考える風土が育っていました。

一時は公武合体《こうぶがったい》政策をとっていたこともありましたが、桂小五郎《かつらこごろう》（58頁）や久坂玄瑞《くさかげんずい》（68頁）、高杉晋作《たかすぎしんさく》（69頁）らの工作で尊王攘夷《そんのうじょうい》へと藩論は大転換。長州藩は「破約攘夷」を掲げ、三条実美《さんじょうさねとみ》ら尊王攘夷派の公卿と手を組んで、朝廷内で大きな発言力を持つようになります。幕府が勅許《ちょっきょ》（天皇の許し）を得ないまま通商条約を締結したことを責め、攘夷の決行を迫ることで、徳川幕府を追い込んで倒幕へもつれ込みたい、というのが長州藩や尊攘派公卿の思惑だったのです。

そんな長州藩の存在を危険視したのが、公武合体派の薩摩藩や会津藩です。中川宮《なかがわのみや》ら朝廷内の公武合体派と図って孝明《こうめい》天皇を説得。１８６３（文久3）年8月18日の早朝、武装した会津と薩摩の兵が御所の周りを取り囲み、長州藩を御所の警備から追い出し、尊攘派公卿の参内《さんだい》を禁じたうえで、それ以外の公卿や諸藩主で朝議《ちょうぎ》を開き、長州と尊攘派公卿の処分を決定しました。これにより、長州藩と三条実美ら七人の尊攘派公卿は京を追われ、長州に逃げ帰ります。これが「八月十八日の政変」と呼ばれる出来事です。これは薩摩藩と会津藩によるクーデターではありましたが、その背景には、孝明天皇自身が、攘夷を熱望してはいるけれど、あくまでもそれは徳川政権下でやるべきものと考えていて、長州や三条実美らの横暴を快く思っていなかったことがありました。公武合体派ではない他藩からも「長州ちょっと調子乗りすぎじゃね？」という目で見られていたようですよ。出る釘打たれたという感じでしょうか。

　長州藩の失脚により、世の中の空気は一変。尊王攘夷派は窮地に立たされることになります。「天誅《てんちゅう》！」を名目に、調子に乗ってかなりの無茶もしていたので、だいぶ反感も買っていたんでしょうね。土佐でも、長州藩と協調して京都で過激なテロ行為を行っていた土佐《とさ》勤《きん》皇《のう》党の面々に対して突如《とつじょ》帰国命令が出され、帰国した者から次々に投獄、処分されました。龍《りょう》馬《ま》はこの時すでに脱藩した後だったので無事。中岡慎太郎《なかおかしんたろう》（21頁）は現役バリバリ土佐勤皇党員でしたが、この時ちょうど長州へ出張中。土佐での異変を聞きつけてこっそり帰郷はしてみたものの、自分にも逮捕令が出ていることを知るとすばやくUターンし、長州に亡命しました。京都に出てきて龍馬と青春アミーゴするのはこの少し先のお話。

桂《かつら》 小五郎《こごろう》

1833年〜1877年。長州藩士。政治家。戊辰《ぼしん》戦争終結後は木戸孝允《きどたかよし》と名乗る。

桂小五郎は萩の藩医の次男として生まれ、8歳で向かいの武士の桂家の養子となり、17歳のときに吉田松陰《よしだしょういん》の門下生となりました。この本では勉強一筋キャラにしてしまいましたが、実際の小五郎は文武両道で、江戸三大道場・練兵館の塾頭となるほどの剣豪。しかしそれほどの剣の腕を持ちながら、実際の修羅場になるとガチンコ対決よりはまずは逃げる！　というポリシーだったようで（賢い！）、「逃げの小五郎」との異名も持っています。生涯、剣で人を殺《あや》めたことがないと言われていますが、ホントかな？　池田屋事件のときも、実は対馬藩邸ではなく池田屋にいたけど、逃げるのが速かっただけという説もあります。温厚で真面目な性格で、目下のものからも慕われたようです。新政府では参議となり、岩倉使節団の全権副使も務めました。西郷《さいごう》隆盛《たかもり》（84頁）が西南戦争を起こしたときには持病を押して西郷軍征討に名乗りを挙げましたが、胸中では西郷を案じており、臨終間際に「西郷いいかげんにしないか」と友をたしなめる言葉を残して没したと伝わります。

コゴローちゃんの歴史解説

長州vs会津

長州藩主・毛利《もうり》氏は、関ヶ原の戦いで石田三成《いしだみつなり》に担がれて西軍の総大将を勤め、徳川家康《とくがわいえやす》に敗北。以来、外様《とざま》大名として冷遇されました。長州藩では江戸時代の間、毎年新年に家老が「関ヶ原のこと（復讐）、いかがしましょう」と尋ね、藩主が「時期《じき》尚早《しょうそう》（まだ早い）」と答える慣わしがあったと、まことしやかに伝わっています。薩摩の島津《しまづ》氏も関ヶ原で敗れ、外様大名となった身ですし、土佐勤皇《とさきんのう》党も関ヶ原で土佐を追われた長宗我部《ちょうそかべ》氏の家来たち……って考えると、倒幕が２５０年越しの関ヶ原のリベンジみたいに見えてきちゃうから歴史は面白いですよね！

ちなみに、これからに巻き起こる池田屋事件や蛤御門《はまぐりごもん》の変で、会津と薩摩にコテンパンにされた僕たち長州は、履物の裏に「薩賊会奸《さつぞくあいかん》」と書いて踏みつけながら歩いたというくらい両藩を憎みます。龍馬《りょうま》たちの尽力もあり薩摩藩とは後に手を結びますが、会津に対する恨みはそのまま戊辰《ぼしん》戦争へと持ち込まれ、会津戦争での情け容赦ない攻撃に繋がりました。そのときの恨みはまた会津の人々の中に根強く残り、なんと１９８６年、「戊辰戦争から１２０年も経ったので和解を」と友好都市締結を申し込んだ萩市に対し、会津若松市が「まだ１２０年しか経っていない」と断ったという逸話があります。恨みが深すぎる！　しかしそれから更に25年、東日本大震災のあと、萩市から送られた義捐《ぎえん》金や救援物資に対し会津若松市長が感謝の意を述べ、萩市の担当者と握手を交わす場面が報道されたんですよ～。戦後１５０年目の、完全な雪解けに期待！　ですね。

イケダヤ事件！

今時スマホくらい
いいんじゃないの〜？
漢《おとこ》たるもの―！
すまーとふぉんなどという
軟弱《なんじゃく》なものを使うでなーい！
バキッ！
没収！
そして修正！
伝達には
携帯で十分だ
男は黙ってガラパゴス
それにスマホは局長の…
指がはみ出るんだ！
それはガラケーでも
一緒でしょ
それに…
スマホなら
情報収集も
できるんだよ
JOY派あつまってるなう。
イケダヤ集合〜！
！

To Be Continued・・・

ホントはこんな話

八月十八日の政変で長州藩が失脚して以来、尊王攘夷《そんのうじょうい》派は苦しい立場に追い込まれていましたが、虎視眈々《こしたんたん》とリベンジの機会を狙っていました。長州藩は京から追放されたものの、過激派は市中に潜伏して、他藩の尊王攘夷派と連携しながら水面下で活動していたのです。そしてそのことを察知していた新撰組《しんせんぐみ》も探索を強化していました。そんな中、商人を装って活動していた長州藩のスパイ・古高俊太郎《ふるたかしゅんたろう》が捕縛されます。激しい拷問《ごうもん》の末、古高が自供したのは「強風の日を狙って御所あるいは市中に放火し、参内してくる松平容保《まつだいらかたもり》（127頁）や公武《こうぶ》合体《がったい》派の中川宮《なかがわのみや》を殺害、天皇を奪還して長州へ連れて行く」という驚くべき計画でした。

会津藩から出動命令を受けた新撰組は近藤《こんどう》隊と土方《ひじかた》隊の二手に分かれて過激派アジトの探索を開始、近藤隊が三条通の旅籠《はたご》・池田屋に不穏分子が集合しているのを突きとめます。このとき、池田屋に潜伏していた過激派は20数名だったのに対し、突入した近藤隊はわずか4人（残りの隊員は出口を固めたようです）。そのうち一人は新撰組一の剣士と言われる沖田総《おきたそう》司《じ》（48頁）でしたが、彼は一人斬った後、喀血《かっけつ》して早々と戦線離脱。他の3人、内心さぞかし「えええええー！」だったでしょうね。まもなく土方隊も駆けつけ、1時間半ほどで池田屋は鎮圧。数人が逃走したものの、その後の市中掃討《そうとう》も含め、長州藩士だけでなく土佐藩や肥後藩の尊攘志士30人以上が殺害あるいは捕縛されました。死者の中には、土佐藩脱藩浪士で、龍馬《りょうま》の紹介で神戸海軍操練所に入所していた望月亀弥太《もちづきかめやた》もいました。また、新撰組や会津藩にも犠牲者を出しました。

長州藩士・桂小五郎《かつらこごろう》（58頁）も池田屋に立ち寄ったものの、早く着き過ぎたせいでまだ人が集まっていなかったため対馬藩邸（池田屋のすぐ近く！）に移動しており、難を逃れています。小五郎、強運!! また、同時に行われた会津藩による市中の浪人狩りで、方広寺大仏殿近くの龍馬たちのアジトもガサ入れされ、賄《まかな》いをしていたお龍《りょう》（37頁）の母も一時連行されています（すぐに保釈されましたが）。この時龍馬は江戸の勝海舟《かつかいしゅう》（75頁）の元に行っており、こちらも難を逃れています。龍馬も強運!!

新撰組は、この池田屋騒動での活躍により一気に武名を轟《とどろ》かせます。八月十八日の政変では警護要員ではあったものの派手な活躍の場はなかったのに比べ、今回、京都の街や御所が大火災になったかもしれないところを未然に防いだ功績は大きく、それまで警備部隊とは言っても荒くれもののヤンキー集団というイメージのほうが強かった新撰組ですが、この一件で朝廷と幕府両方から感謝状と報奨金を贈られたのでした。

僕は徳川学園長州校
一年一組ルーム長
久坂《くさか》玄瑞《げんずい》
僕の夢はこの学園を
外資の魔手から守り
理事長中心の名門校を
作りあげること
【長州校一年一組ルーム長】
久坂《くさか》 玄瑞《げんずい》
そのためならば
どんなことでも
してみせる!!
僕の敬愛する
高杉晋作《たかすぎしんさく》先輩
三千世界の鴉を殺し
ぬしと添い寝がしてみたい
次期生徒会長候補だ
【長州校次期生徒会長候補】
高杉《たかすぎ》 晋作《しんさく》
海外校の生徒をみては
片っ端からケンカをしかけ
外資系カトリック校を焼き討ち
したこともある過激さから
かつて彼は
こう呼ばれていた
金髪の
狂犬…と
しかし
八月十八日の政変
のあとに
長州校を
脱走したため
金髪の狂犬
只今謹慎処分中
次の者
野山寮にて謹慎とする
二年一組　高杉晋作
早く帰ってきてください!
高杉先輩!

八月十八日の政変というのは
会津と薩摩が起こしたクーデターでね
僕たち長州校は理事会から追放されて今大変なんだ
【吉田松陰の妹】文《ふみ》
なんか難しいのね
ハハ 文《ふみ》には分からないよな
これは厳しい政治の世界だからね
元はと言えば孝明《こうめい》理事長の願いである外資との提携破棄をちっとも実行しようとしない経営陣が悪いのに
会津と薩摩め!!
これには孝明理事長の
外資との提携は破棄したいけど経営は徳川体制のままでいいんだよ…
長州ちょっと出しゃばりすぎ
という意向が反映されていた
続くイケダヤ事件でも長州校の生徒が松平容保《まつだいらかたもり》（会津校長兼）京都副校長の手下である新撰組に襲われると
おのれ会津め
謹慎とけた狂犬
長州校の生徒たちは怒りに沸きたち

To Be Continued・・・

ホントはこんな話

八月十八日の政変で京都を追われたうえ、池田屋騒動で有能な藩士を多く奪われた長州藩は怒りに燃え、挙兵して会津・薩摩を倒すしかない！　という進発論が湧き上がります。桂《かつら》小五郎《こごろう》（58頁）らは慎重論を主張して思いとどまらせようとしますが、過激派の怒りパワーは収まらず、藩内の攘夷派の中心人物だった久坂玄瑞《くさかげんずい》（68頁）も押し切られる形で「政変以降謹慎処分となっている藩主の冤罪《えんざい》を孝明《こうめい》天皇に訴えること」を目的に、挙兵を決意するのです。1864年7月、長州藩兵はついに御所めがけて進軍を開始します。蛤《はまぐり》御門《ごもん》を守る会津兵と戦闘になり一時優位に立ちますが、応援に駆けつけた薩摩兵に銃撃され、激戦の末長州はあえなく敗走。崖っぷちで一発逆転を狙った窮鼠猫噛《きゅうそねこか》み案件でしたが、見事に返り討ちに遭い、御所に向けて砲撃したことで長州藩には朝敵（天皇の敵）の烙印《らくいん》が押されることとなります。これがいわゆる「蛤御門（禁門）の変」です。このあと久坂玄瑞は自害。この戦闘の影響で京の町は大火に包まれました。

更に受難は続き、少し前に長州が売ったケンカの仕返しに西欧の四国連合艦隊がやって来たり、朝敵となった長州に対する朝廷の追討令が発せられ、第一次長州征伐が始まったりと、もうホントに絶体絶命（泣）！　急進派に代わって、恭順を主張する俗論派が藩政を握り、長州藩は幕府に全力で謝罪&服従し、どうにかやりすごしたのでした。

久坂玄瑞《くさかげんずい》

1840～1864年。江戸時代末期の長州藩士。妻は吉田松陰《よしだしょういん》の妹、文《ふみ》。

久坂玄瑞は藩医の次男として生まれ（三男という説も）、吉田松陰の松下《しょうか》村塾《そんじゅく》に入門。ちょっと桂小五郎《かつらこごろう》（58頁）と経歴が似てますね。高杉晋作《たかすぎしんさく》（69頁）と共に「松下の双璧」と称され、吉田松陰にも「長州第一の俊才」と認められて、その妹・文を嫁にもらいます。最初、「結婚するならもっと美人とがいい」と正直な失言をしてしまい、先輩に怒られて渋々結婚したとも。とは言え夫婦仲は悪くはなかったようで、結婚当初、玄瑞は藩医として丸坊主にしており、色白でシュッとしていたので、文から「お地蔵さん」と呼ばれるなどラブラブ（なのか？）エピソードも。彼、身長は180㎝もあったらしいので、えらいデカイお地蔵さんですな。しかしこのお地蔵さん、なかなか熱いヤツだったようで、残されている手紙などもなかなか過激。松陰の死後は尊王攘夷《そんのうじょうい》派の旗頭として藩論を主導し、高杉らとイギリス公使館を焼き討ちしたりもしています。蛤御門《はまぐりごもん》（禁門）の変に参戦し、負傷して自刃しました。

高杉晋作《たかすぎしんさく》

1839〜1867年。江戸時代後期の長州藩士で尊王攘夷《そんのうじょうい》志士。奇兵隊《きへいたい》を創設。

松下村塾《しょうかそんじゅく》では久坂玄瑞《くさかげんずい》（68頁）と並び「松下の双璧」と称された高杉。1862年には藩命で上海へ渡航……って言うといかにもエリートって感じですが、その時は折りしも和宮《かずのみや》（33頁）の降嫁《こうか》が決定した頃。過激な尊王攘夷派である高杉が降嫁阻止の実力行使にでかねないため、国外へ遠ざけたとも言われています。帰国後は、外国公使刺殺（視察ではない）計画を立てて謹慎処分になったり、イギリス公使館を焼き討ちしてまた謹慎になったり、脱藩したけど桂小五郎《かつらこごろう》（58頁）に説得され出戻って投獄されたりと、なかなかの問題児なのに藩が高杉を切れないのは、やはりその優秀さゆえ。長州藩が四国連合艦隊に完敗した際には、赦免《しゃめん》されて四国連合相手に戦後交渉を任され、エキセントリックみ全開の交渉術で藩を救っています。第一次長州征伐後、藩内クーデターを起こし藩の実権を握るものの、命を狙われまた脱藩↓小五郎の説得で戻り……って何回やるねん!!　最後は肺結核のため死去。辞世の句「おもしろきこともなき世をおもしろく」は有名ですね。

世界に挑《いど》んでみたものの

To Be Continued・・・

ホントはこんな話

すでに開国してしまっているのに、朝廷に対して攘夷《じょうい》決行というできもしない約束をしてしまった幕府。和宮《かずのみや》（33頁）降嫁《こうか》の交換条件にまでしてしまいましたよね。のらりくらりとかわしていましたが、いよいよ朝廷に「いつまでに実行するのか」と迫られ、将軍家茂《いえもち》（32頁）は苦し紛れに「5月10日までに」と答えてしまいます。おいおい、大丈夫かよ。答えはしたけど、もちろん実行する気はなかったのに、ただひとつ、真に受けて実行した藩がありました。そう、攘夷の星★長州藩です。早速5月10日から、長州藩は関門海峡を通るアメリカ、フランス、オランダの艦船を続けざまに砲撃。あちゃー。米・仏にはすかさず反撃された上、翌年蛤御門《はまぐりごもん》の変で大敗した直後に、英米仏蘭の四国連合艦隊が改めて報復にやってきたから、さあ大変（英は関係ないのに便乗！）。西欧四カ国にフルボッコにされ、たまらず長州は降伏。賠償金300万ドルや彦島《ひこじま》の租借（という名の植民地化）など、法外な講和条件を提示されます。長州藩家老・宍戸刑馬《ししどぎょうま》という偽名で交渉に臨んだのは高杉晋作《たかすぎしんさく》（69頁）。ネゴシエーター高杉は、彦島に関しては、その話が出るとやにわに古事記を暗誦して場を戸惑わせるという奇策で切り抜け、300万ドルは幕府が支払うべきと主張し、軍艦7隻に相当するほどの大金を本当に幕府に払わせたのでした。イギリス側通訳はこの時の高杉の第一印象を「悪魔のよう」と表現していますが、幕府こそそう思ったかもしれませんね。

バスケがしたいです

お！
福井校の松平春嶽《まつだいらしゅんがく》校長が部費に百万寄付してくれるってよ
頼んでみるもんだな!!
ハァッ!?
詐欺じゃなくて!?
どんな人脈!?
坂本先輩！
大変です！安岡《やすおか》と望月《もちづき》がっ！
ザワ
ザワ
以下の者を退学処分とする
宮部鼎蔵
望月亀弥太
安岡金馬
来島又兵衛
ザワ
坂本先輩
バスケ部どうなるんですか？
ザワ
ザワ
・・・・
！
ポン
勝先生っ！
バスケットボール部
…みんな落ち着いて聞いてくれ
望月がイケダヤ事件 安岡が蛤御門《はまぐりごもん》事件で暴力事件を起こし退学になった
部員が二人も不祥事に関わっていたことが問題視され…
・・・・

我が部は廃部となる
ことが決定した
!
そんなっ!
ちくしょうっ!
だがお前たちのバスケへの情熱は
俺が誰よりも分かっている
お前らからバスケを
奪わせはしない!
薩摩校の知人に頼み
お前ら全員を受け入れてもらえる
ことになった
え…
だが俺は江戸校へ帰ることになる
こんな形で放り出すことになって
本当にすまない
…お前たちと
最高のチームを
作りたかった
薩摩校って言えば
スポーツ名門校じゃ
ないっスか!
ノープロ
ノープロ!
あ〜
よかった〜
むしろウェルカム?
さっすが
勝先生♪
おいっ!
To Be Continued・・・

ホントはこんな話

脱藩後、龍馬《りょうま》は攘夷《じょうい》派、幕府側問わずとにかく色々な人に会っていますが、そのうちの一人が前福井藩主・松平春嶽《まつだいらしゅんがく》です。って軽く書きましたが、この方、十二代将軍の従弟で幕府政事総裁職というとってもエラい人。剣術の師匠の息子・千葉重太郎《ちばじゅうたろう》（佐那《さな》ちゃんの兄）と共に行ったらしく、千葉道場の名前があるとはいえ、一介の脱藩浪人がよく会ってもらえましたよね。更には春嶽から紹介を受けて幕府軍艦奉行並・勝海舟《かつかいしゅう》（75頁）を訪ね、「藩や幕府を超えて日本国としての海軍を持つべき」という勝の考えに感銘を受け、彼に弟子入り。勝の下、神戸海軍操練所設立という目標を見出した龍馬は、まさに水を得た魚。この頃の家族への手紙も、夢に燃えて実に生き生きとしています。神戸海軍塾塾頭に任ぜられ、設立費用の不足分（大金！）を春嶽に援助してもらったりしながら、1864年、操練所開設にこぎつけます。更には血の気の多い過激派志士たちを船で蝦夷《えぞ》地に送り、有り余るエネルギーを開拓に向けさせようなんていう、いかにも龍馬らしい計画を老中に提案し、予算取りしてもらっちゃったりもしています。ところが、池田屋事件や蛤御門《はまぐりごもん》の変に操練所のメンバー数人が加担していたことを問題視され、勝は軍艦奉行を罷免《ひめん》され、海軍操練所は開設からわずか一年足らずで閉鎖されることに。夢破れた龍馬でしたが、勝の紹介で薩摩藩に雇われることになり、新たなステージへと進むこととなったのです。

勝海舟《かつかいしゅう》

1823〜1899年。江戸末期から明治初期の幕臣、政治家。通称は勝麟《りん》太《た》郎《ろう》。

勝海舟は旗本（将軍家直属の家臣）の長男として生まれ、若い頃に蘭学を学び、幕府がオランダ海軍から航海技術を学ぶために開設した長崎海軍伝習所に入所、1860年には幕府の軍艦・咸臨丸《かんりんまる》の艦長として太平洋を横断し渡米を果たします。帰国後、軍艦奉行並となり「国を守る気概さえあれば身分を問わず入隊できる、幕府や藩の垣根を越えた日本国海軍」を作るべく神戸海軍操練所を開設。龍馬《りょうま》について、勝は「あれは最初俺を殺しに来たんだが」と言っていますが、実際はそんな物騒な初対面ではなかったようで、これは勝先生、若干《じゃっかん》話盛った感アリ。この頃龍馬が家族に送った手紙では「日本第一の人物」「天下無二の軍学者」とベタ褒《ぼ》めで、心酔ぶりが伺えます。攘《じょう》夷《い》派志士が門下生にいたことや、自身も自由で先進的な考えを持っていたことから危険分子とみなされ、一旦は軍艦奉行を失脚させられますが、戊辰《ぼしん》戦争では陸軍総裁に抜擢《ばってき》され、幕府側交渉人として江戸城無血開城を成し遂げました。維新後は旧幕臣の生活や就労の世話に尽力しました。

年	月日	
1856(安政三年)		
1859(安政六年)		
1862(文久二年)	4月8日	吉田東洋暗殺
	7月	一橋慶喜、将軍後見職就任
	8月21日	生麦事件
	閏8月	松平容保、京都守護職就任
1863(文久三年)	3月4日	将軍家茂、上洛
	4月20日	家茂、攘夷期限を5月10日と上奏
	4月24日	神戸海軍操練所開設の命が下る
	7月2日	薩英戦争
	8月18日	八月十八日の政変
	9月21日	土佐勤皇党への弾圧が始まる
	9月	神戸に海軍塾開設
1864(文久四年)(元治元年)	1月14日	家茂、再上洛
	5月14日	勝海舟、軍艦奉行に昇進
	5月29日	神戸海軍操練所開設
	10月22日	勝、江戸へ召還され、軍艦奉行を免職される
1865(元治二年)(慶応元年)	3月18日	神戸海軍操練所廃止

月日	龍馬はその頃…	年齢
8月20日	再び江戸へ剣術修行	22
3月24日	脱藩	
10~12月	勝海舟の門下生となる	28
2月25日	脱藩罪を赦免される	29
10月	勝海舟の海軍塾塾頭となる	
12月上旬	土佐藩の召還令に応じず、再び脱藩	
春	楢崎龍と出会う	30
8月中旬	勝の使者として西郷を訪問	

月日	長州藩はその頃…
8月	吉田松陰が松下村塾を開く
10月27日	吉田松陰、処刑される
5月	高杉晋作、藩命で上海渡航
12月12日	高杉晋作らイギリス公使館焼き討ち
5月10日	下関で外国船を砲撃
8月18日	八月十八日の政変で七卿が長州に都落ち
1~3月	高杉晋作、脱藩して京都に潜伏 桂小五郎の説得により帰郷するが野山獄に投獄される
7月18日	蛤御門の変
8月2日	第一次長州征討令
8月5日	英米仏蘭四カ国艦隊が下関攻撃
8月14日	四カ国と講和条約を結ぶ(高杉晋作、赦免され和議交渉にあたる)
10月	高杉晋作、一時藩を脱出
11月	長州藩、幕府に恭順
1月2日	高杉晋作ら馬関で挙兵
2月	高杉晋作ら藩政を掌握
4月12日	第二次長州征討令

第3章 めざせスポーツ名門校編

スポ根！薩摩校

徳川学園薩摩校
カキーン
ファイッファイッ
しまっていこーぜー
ここが薩摩校かぁ～！
なんかすごいですね！
トレーニング機器とかも最新ですよ
見てくださいよ！
外国人コーチまでいますよ！
噂には聞いていたがここまでとは
江戸校から遠く経営陣から目が届かないのを幸いに独自の経営戦略で利益を上げ財を築いた薩摩校は
海外のスポーツメーカーと提携するなどして最新技術を導入していた

やぁ
君が坂本君か
我が校の小松帯刀《こまつたてわき》教頭から聞いたよ
あの勝先生から託されたってね
俺はこの学校の生徒会長の西郷《さいごう》だ
【薩摩校 生徒会長】
西郷《さいごう》 隆盛《たかもり》
よろしく
こりゃ どーも お世話になります
わ~ さわやか~
いや正直うちにとっても都合のいい話だったんだ
と言うのも我が校にはまだバスケ部がなくてね
体育部の充実を目指す我が校としてはバスケ部創部は急務だったんだよ
こんなスポーツ名門校にバスケ部がないとは意外ッスねー
はは
スポーツ名門校を目指し始めたのは実はここ数年の話でね

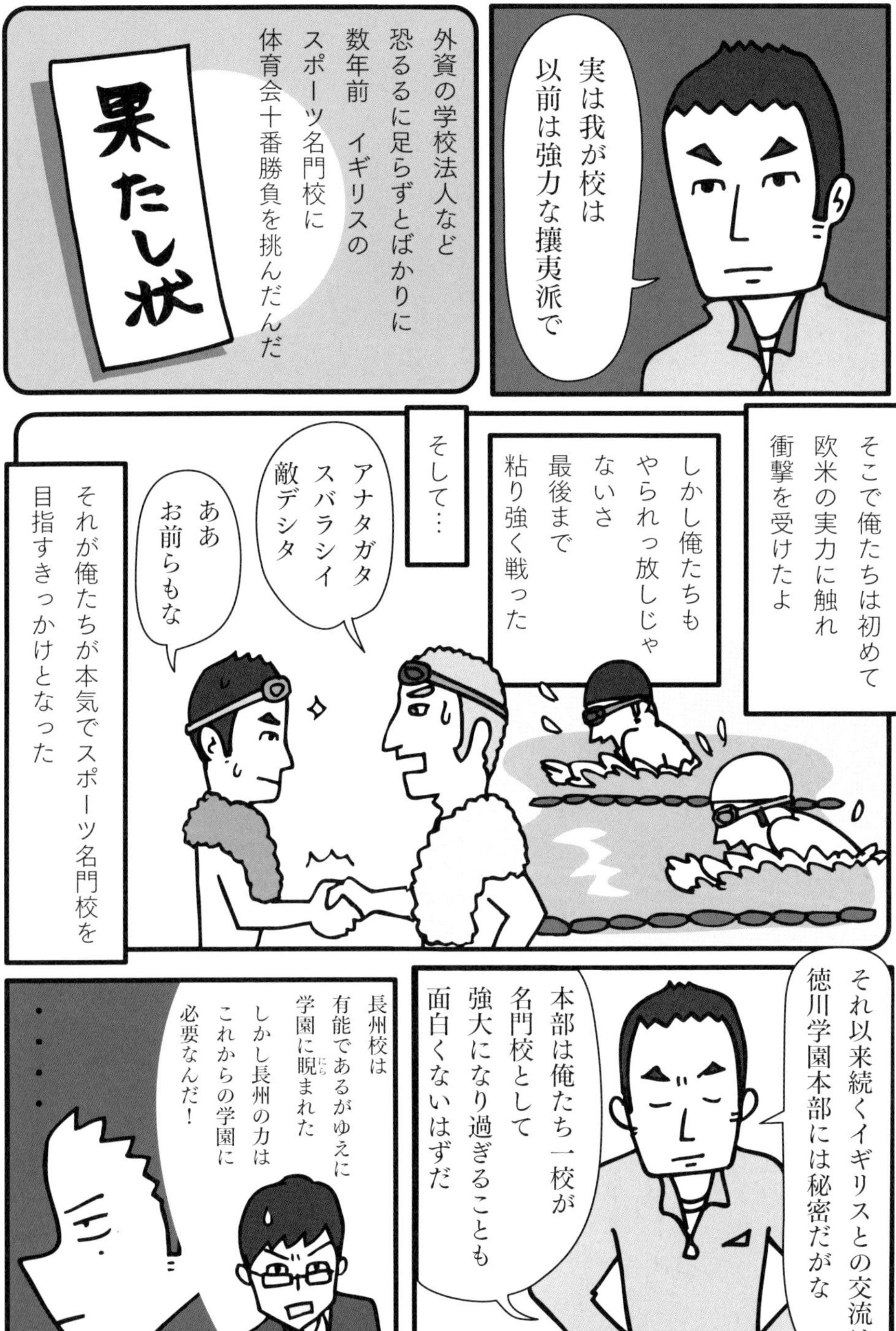
実は我が校は
以前は強力な攘夷派で
外資の学校法人など
恐るるに足らずとばかりに
数年前　イギリスの
スポーツ名門校に
体育会十番勝負を挑んだんだ
果たし状
そこで俺たちは初めて
欧米の実力に触れ
衝撃を受けたよ
しかし俺たちも
やられっ放しじゃ
ないさ
最後まで
粘り強く戦った
そして…
アナタガタ
スバラシイ
敵デシタ
ああ
お前らもな
それが俺たちが本気でスポーツ名門校を
目指すきっかけとなった
それ以来続くイギリスとの交流は
徳川学園本部には秘密だがな
本部は俺たち一校が
名門校として
強大になり過ぎることも
面白くないはずだ
長州校は
有能であるがゆえに
学園に睨《にら》まれた
しかし長州の力は
これからの学園に
必要なんだ!
・・・・

西郷さん…
もしかして そのイギリスの学校の 傘下《さんか》に入ってもいいと 思ってるんスか？
まさか！ その逆だよ
どこにも買収されない 強い学校経営体制を作るために 欧米の技を取り入れて 先進的なスポーツ名門校を 目指そうとしているんだ
今のままでは学園に未来はない！
ですよね！
そのために 今の徳川体制 のままでいいと 思いますか？
う… そ それは…
薩摩校と全く 同じ考えの高校が 他にもあるんです！
しかもそこと組めば スポーツ科学を もっと極められる！
な 何？ それはどこだ？
長州校です！
長州…？
こないだ俺が追っ払った 学校じゃないか
あいつら俺のこと 恨んでるだろう
あ～そういえば
憎き西郷め！ 卒アルの写真を どんぐり目で ずんぐりむっくりな おっさんの写真に かえといてやる！
って言ってました
何その 地味だけど ダメージでかい 嫌がらせ！
To Be Continued・・・

ホントはこんな話

薩摩藩もまた、外様《とざま》ではありましたが、琉球を窓口とした密貿易や奄美大島の黒砂糖の専売などでこっそり財を蓄え雄藩《ゆうはん》となった藩です。幕府は外様大名を江戸から遠い辺鄙《へんぴ》な場所に配置していましたが、皮肉にもこれが幕府の目を盗んでなんやかんやするのに都合がよかったんですね。幕末の四賢候の一人にも数えられる藩主・島津斉彬《しまづなりあきら》は、養女の篤姫《あつひめ》（119頁）を第十三代将軍・家定《いえさだ》に嫁がせて幕政にも影響力を発揮する一方で、積極的に海外の技術を取り入れて造船や製鉄業、ガラス製造などにも力を入れ、西洋式の軍備を整備し、藩の富国強兵に成功しました。欧米の実力を知っている斉彬は当然開国派で、公武合体《こうぶがったい》派の中心人物でした。もちろん薩摩藩にも攘夷《じょうい》派はいましたが、斉彬の死後、その遺志を継いだ弟の久光《ひさみつ》（藩主は久光の息子・忠義《ただよし》だけど若いのであまり存在感ナシ）は藩内の過激な尊攘派の挙兵計画を事前に阻止し、朝廷の信頼を勝ち取っています。

1862年、久光の大名行列の前を横切ったイギリス人を無礼討ちにした生麦《なまむぎ》事件に端を発し、翌年、薩英戦争が勃発します。この戦争は結局引き分けとなりますが、欧米の軍事力を目の当たりにした薩摩藩は攘夷論を完全に放棄。一方でイギリス側も薩摩藩の戦いぶりに感心し、一目置くようになります。拳を交えて「お前もやるな」「いやお前こそ」的な展開ですね。で、強敵と書いて「とも（友）」となった（？）薩摩とイギリスは、この後密接な関係を作っていくのです。

さて、神戸海軍操練所の解体後、勝海舟《かつかいしゅう》（75頁）の斡旋《あっせん》で薩摩藩に引き取られた龍馬《りょうま》と、長州藩と行動を共にしその窮状を憂《うれ》いていた中岡慎太郎《なかおかしんたろう》（21頁）。2人は、薩摩と長州、2つの雄藩が手を結ぶことができれば、徳川政権を倒し新しい世を作ることができるのではないかと考えました。しかし蛤《はまぐり》御門《ごもん》で長州を追い払ったのは他でもない薩摩（と会津）。長州藩にとってはにっくき敵で、それはなかなか容易ではなさそうですよ。

ところで、長州藩を追放し尊王攘夷の波を沈静化できた幕府は、ほっと一息つくと同時に、このところ力をつけすぎた雄藩に対してちょっと危機感を感じます。なんやかんやのゴタゴタを幕府だけでは処理しきれず雄藩の力を借りてはきたものの、それが片づきつつある今、ん？　気づけば薩摩藩なんだか強大になりすぎてヤバくないですか？……幕閣《ばっかく》（いわば官僚）に有能な人材が就いたこともあり、幕府は自らの権威を回復すべく徐々に雄藩を締めつけ始め、薩摩藩はそんな幕府にモヤモヤ。なんだか微妙な空気が漂い始めたのでした。

西郷隆盛《さいごうたかもり》

1827～1877年。薩摩藩士。政治家。通称は西郷吉之介《きちのすけ》。

西郷は薩摩藩の下級武士の子として生まれますが、薩摩藩主・島津斉彬《しまづなりあきら》に見出され出世。側近として一橋慶喜《ひとつばしよしのぶ》（125頁）擁立《ようりつ》工作にも活躍します。しかし斉彬亡き後、権力を握った斉彬の弟・久光《ひさみつ》と対立して失脚。失脚どころか、斉彬を追って殉死《じゅんし》しようとしたり、僧と心中して自分だけ一命を取りとめたり、奄美大島に島流しになったり、許されて鹿児島に帰ったかと思えば、また久光の逆鱗《げきりん》に触れてさらに遠い沖永良部島に流されたりと、まさに波乱万丈（薩摩藩、島流し先には不自由しません）。八月十八日の政変後、公武合体《こうぶがったい》政権誕生に向けて存在力を示したい久光に再び赦免《しゃめん》召還され、その後は明治まで常に政治の中心で活躍します。新政府では陸軍大将兼参議にまでなりますが、征韓論を巡り板垣退助《いたがきたいすけ》らと対立して中央政権を去り、数年後に西南戦争を起こし、敗れて自刃しました。ちなみに、西郷どんと言えばあの太眉にどんぐり目の四角い顔の肖像画が有名ですが、あれは西郷の親戚の顔を参考に想像で描かれたものらしく、似てないと評判だったらしいですよ。

生麦事件

　時代劇で、大名行列の前を横切った子どもを「無礼者！」と侍が斬《き》ろうとして、子どもの母が「お許しください！　何も知らない子どもですので！」と土下座で平謝り……っていう場面を見たことないかな？　それの子どもではなく外国人バージョンが、1862年に起きた「生麦事件《なまむぎじけん》」だ。薩摩藩主の父・島津《しまづ》久光《ひさみつ》の大名行列を、イギリス人貿易商4人が馬に乗ったまま横切り、無礼討ちにされたんだ。当時の日本の法律では、大名行列を乱すものを無礼討ちにすることは当然の権利として認められていたんだよ。これは決して大名が威張《いば》っているからってだけではなくて、「大名が自らの過失で死亡した場合、家名断絶のうえ、領地没収」という恐ろしい掟があったからでもあるんだ。もし大名行列を襲われて大名が殺されたりでもしたら「不注意」という過失をとがめられてお家断絶の可能性だってあるんだよ。しかもピストルを所持している外国人が籠に近づいてきたんだから、これを斬るのは薩摩藩にしてみると当然の判断だ。

　しかしイギリス側はそうは見なさないよね。これは大きな国際問題に発展し、イギリスは日本に十万ポンドの賠償金と犯人の引渡しと処刑を要求したんだ。賠償金のほうは幕府が払ったけど、斬った藩士の引渡しを薩摩藩は頑《かたく》なに拒否し、薩英戦争に発展することになるんだ。

いざ！薩長《さっちょう》同盟！

我が校の島津校長は今や学園長たちからも信任厚く学園運営においても重要な立場を得つつある
そんな我が校が潰れゆく長州を救うメリットなど何もない
西郷さん余裕っすね〜
なに？
長州のことそんな他人事として見てて大丈夫なんスか？
西郷さんの言うとおり薩摩校はどんどん存在感を増してます
いまや元々の経営陣を食う勢いだ
しかも秘密裏に外資と繋がっている
ハッハッハッ
そんな薩摩をこの先学園側が放っておくと思いますか？
うっ
た 確かに
今はまだ外資や長州と戦うために薩摩の力をアテにしてはいても
長州を潰したら学園長側も勢いを盛り返すでしょう
そうなると薩摩もオチオチしていられませんよ？
…つまり長州校の行く末は我が校の行く末でもあるということか
さっすが西郷さん理解が早い！

だがどうすると言うんだ？
ま
一度長州のヤツらに会ってみてくださいよ
機会作りますんで！
薩摩と長州が組めば最強のスポーツ名門校を作ることができます！
学園変えてみせましょう！
なぜ俺たちが薩摩のヤツらに会わねばならんのだ
まあまあ そうカッカせずに話してみたら西郷さん ナイスガイっすよ！
ピシッ
で何やってんっすか高杉さん？
ピシッ
ピシッ
蛤御門《はまぐりごもん》で西郷に打たれた痛みを忘れないように
自ら痛みを持続させているのさ！
西郷が憎い！そう強く思ったとき俺は額を叩くと決めたんだ！
やっぱヤバイ奴じゃねぇか
あ もう来てる
高杉さん何やってんだ？
ダダダダダダダダダ
ダダ
悪い！中岡くん急用を思い出した
え!?ちょ！西郷さん!?
スマン西郷さんに逃げられた
え！

…今日こそは来るんでしょうね
今日は高杉さん来てなくてよかったよ
だーいじょうぶだって！
スッ
西郷さん！
・・・・・
ふ ふんっ ほ 本当はお前たちみたいな筋肉バカの力を借りなくても僕たちの頭脳だけで切り抜けられるんだからなっ！
オ・オイ…
け けど もしお前たちがどうしても俺たちの頭脳を借りたいなら…
別に借りたくないな
・・・・・っ！
西郷さんっ！

ココローちゃんの気持ちも分かってやってくださいよ！

バンッ
見た目もパッとしない！スポーツもできない！頭脳だけが取り得！ってココローちゃんが全て持ってるイケメン西郷さんに『頭脳だけでは無理なので』って素直に頼めると思いますか!?

コラコラ…

え… いや そこまで言わなくても…

To Be Continued・・・

ホントはこんな話

薩摩藩と長州藩に手を組ませ、倒幕勢力を作り上げようと考えた龍馬《りょうま》と慎太郎《しんたろう》。犬猿の仲の両藩をくっつけるべく、お見合い大作戦いざスタート！　ってことで、龍馬が長州の桂《かつら》小《こ》五郎《ごろう》（58頁）を、慎太郎が薩摩の西郷隆盛《さいごうたかもり》（84頁）を、それぞれ口説きにかかりました。長州にしてみれば京から自分たちを追い出した張本人の薩摩藩を信用できないのは当然で、説得はだいぶ難航したようです。しかし、龍馬の熱心な説得と、第二次長州征伐が迫っていることもあり、桂は渋々ながら龍馬の提案に乗ります。が、いざ顔合わせ当日、龍馬と桂が待つ待ち合わせ場所にやって来たのは気まずい表情の慎太郎一人。慎太郎の説得に同意して、一度は待ち合わせ場所に向かっていた西郷でしたが、急に京都に行かなければならなくなったと言って途中でトンズラこいてしまったのでした。当然のことながら桂は激怒。「信じた俺が馬鹿だった！」と怒りながら帰ってしまいました。もう～、西郷～。

西郷ドタキャン桂激おこで、一度は企画倒れに終わりかけた「薩長をくっつけるぞ大作戦」ですが、龍馬と慎太郎は諦めることなく、その後も粘り強く両者を説得します。そしてその甲斐あって再び両者は会合の機会を持つことになり、１８６６年1月、桂たち数人の長州藩士が京都の薩摩屋敷にやってきます。しかし会ってはみたものの、西郷も桂も、自分からは話を切り出そうとはしません。両方とも自分から頭を下げるのはプライドが許さず、相手のほうから同盟を組みたいと言い出すのを待っていたのです。そうして、冷た〜い時間だけが過ぎていきました。遅れてやってきた龍馬はそれを見てビックリ。桂は再び怒って帰ろうとするところでした。引きとめようとした龍馬に、桂はこういいます。

「今、長州にとって世の中のすべてが敵に回っている。幕府が再び攻めてこようとしているのを私たちは命がけで迎え撃つ覚悟で、もはやこの先生き残れるとは思っていない。そんな時にこちらから頭を下げてまで、このような危険に薩摩を引きずり込むことができるだろうか。薩摩のほうから手を差し伸べてくれると思ったからこそ、私たちは藁《わら》をもすがる思いでやって来たのだが、薩摩が私たちにまず助けを請えという態度だというなら、私たちは自分たちからそうするつもりは毛頭ない。潔《いさぎよ》く滅びるまでだ。あとは薩摩が世の中を変えてくれればそれでいい。」

それを聞いた龍馬は西郷に向かって猛抗議します。長州の立場を考えて、薩摩のほうから切り出してやるのが人間の器というものではないのか。この天下の一大事に、つまらないプライドに囚われて大局を見失ってよいのか。龍馬の叱責に、西郷は自らの態度を反省し、桂に対し同盟を切り出したのでした。

俺たちチーム亀山《かめやま》!

To Be Continued・・・

ホントはこんな話

神戸海軍操練所が閉鎖された後、龍馬《りょうま》は薩摩藩というパトロンを得て、長崎の亀山に「亀《かめ》山社中《やましゃちゅう》」を結成しました。薩摩藩が購入した軍艦を龍馬たちが操船し、軍事訓練を行いながら物資の運搬や貿易なども行うという、私設海軍と貿易結社の2つの顔をもっており、日本最初の商社と言われています。

この亀山社中の大きな目的の一つが、当時犬猿の仲だった薩摩藩と長州藩の仲を取り持つこと。薩長同盟に際し、イギリスの武器商人・グラバー商会から薩摩藩名義で購入した武器や軍艦を長州藩に横流ししたり、第二次長州征伐ではそうして買った長州藩の軍艦・ユニオン号で下関海戦に参戦したりと、大活躍を見せます。

1867年に龍馬が脱藩を許されて再び土佐藩士となってからは、土佐藩がスポンサーとなり「海援隊《かいえんたい》」と名称変更。そしてその1ヶ月後のこと、海援隊が操船していた蒸気船いろは丸が、紀州藩の軍艦と衝突して沈没するという事件が起こりました。ぶっちゃけ、責任は双方にあったのに、龍馬は紀州側の責任としたうえで「いろは丸には銃火器や金塊、合わせて約7万両分を積んでいた」と主張、ちゃっかり8万両以上の賠償金を紀州藩からせしめています。これ、今の貨幣価値にして40億とも言われていますが、平成に入ってから行われた潜水調査では、龍馬の主張した銃火器も金塊も見つかっていないらしいですよ。

龍馬危うし！　寺田屋事件

ここはお龍がバイトする
喫茶寺田屋
2階は龍馬たちのアジト
にもなっていた
寺田屋
お龍ちゃん
もうあがって
くれていいよ
はーい
更衣室
ここか
反学園活動に加担する
ヤンキーがアジトに
している店は
よし 踏み込むぞ
！
ヤバイッ！
裏口
龍馬
逃げろ！
補導《ほどう》だ！
生活指導だ！
神妙にし…
え？
あ…
何見てやがん
だーーーー！
…デジャヴ？
To Be Continued・・・

ホントはこんな話

敵対していた薩摩と長州をつなぎ、幕府にとってこの上ない脅威となる薩長同盟を成立させた龍馬《りょうま》。2日後、京都伏見の旅館・寺田屋に長州の三吉慎蔵《みよししんぞう》といるところを伏見奉行の捕り方に襲撃されます。寺田屋には龍馬の頼みでお龍《りょう》が匿《かくま》われ、お春という名で働いていました。捕り方が来たとき、ちょうど風呂に入っていたお龍が危険を察知し、裏階段から2階へ駆け上がって龍馬に急を知らせたのは有名な話ですね。この時、お龍が裸で駆け上がったなんて話もありますが、お龍本人は濡れたままの体に袷《あわせ》の着物を一枚引っ掛けて帯も結ばず行ったと回想しています。お龍の機転のお陰で、捕り方に不意をつかれることなくピストルと槍で応戦できた龍馬と三吉は、秘密階段を下りて隣家を壊しながら通り抜け（はた迷惑な話ですが）、なんとか寺田屋を脱します。怪我をしていた龍馬を材木小屋に隠した三吉と、寺田屋を抜け出したお龍が、伏見の薩摩藩邸に救援要請したお陰で、龍馬は薩摩藩士たちに助け出され、以後しばらく薩摩屋敷に匿われることとなります。後日、龍馬はこの時のことを家族への手紙で詳しく報告していますが、生々しい戦闘の様子もさることながら、「風呂上りで浴衣だったので足に絡まって走りにくかった」とか「材木小屋に隠れたら犬が吼えるので困った」なんて記述がリアルで面白い。もちろん家族に「俺が生きてるのはお龍のお陰！」と妻を売り込むことも忘れない龍馬さんなのでした。

To Be Continued・・・

ホントはこんな話

寺田屋事件で大怪我を負い薩摩藩に保護された龍馬《りょうま》は、西郷《さいごう》の勧めもあって、お龍《りょう》を伴って薩摩の霧島温泉に療養の旅に出ます。2人は2ヶ月以上かけて霧島山や鹿児島を巡ったり温泉に滞在したりと、剣呑な日常をしばし忘れて夫婦でまったりと過ごしており、一説にはこれが日本で最初の新婚旅行とも言われています。

いかにもヤンキーカップルらしく各地でいろいろなヤンチャもしながらの旅で、船頭がやめてくれと懇願するのを尻目に船の上から海に投げ込んだ徳利《とっくり》を射撃して遊んだり、霧島連峰の高千穂峰に登った際にも、案内役が「罰が当たるから」と血相を変えて止めるのも聞かずに山頂にある霧島東神社の社宝・天逆鉾《あまのさかほこ》を引き抜いて2人で大笑いしたりとやりたい放題。しかも抜いた逆鉾は元に戻さずにその辺に放っておいて帰ったそうな。良い子は真似しないでネ。で、悪ふざけをSNSに投稿して炎上……は、この時代なのでもちろんしていませんが、龍馬はこのときのことも、故郷の姉・乙女《おとめ》への手紙の中でイラストつきで面白おかしく報告しています（26頁）。

ちなみに寺田屋事件での負傷は両手の指でしたが、動脈にまで達する深手を負っていたため完治するのにしばらくかかったようで、台に寄りかかって立っているあの有名な写真でも、手を見せていないのは怪我を隠すためだという説もあるんですよ。

長州校を救え！

龍馬と慎太郎は西郷を説得し犬猿の仲だった薩摩校と長州校に同盟を結ばせることに成功した
パチパチ
パチ
パチ
長州校は学園側から差し押さえられて物品購入ができなくなってるんですよ
では薩摩校名義で購入し長州に納入することにしよう
助かります！
お礼に我が校からは長州名物・瓦《かわら》そばを差し入れましょう
運動部員はいつも腹ペコ
おお！それはみんな喜ぶはずだ！
…ありがとう 僕たち正直廃校も覚悟してました
まさか薩摩の筋肉バ…いやいやスポーツマンシップに助けられるなんて…
ああ 一緒に文武両道の本当の名門校作り上げようぜ！
今筋肉バカって言いそうじゃなかった？
西郷さん…
全校生徒靴の裏に「憎き薩摩 許すまじ会津」て貼って踏みながら歩いてたんですがはずしますね！
…そんなことしてたんだ？

そんな裏取引が結ばれたとは知らぬまま理事会では長州校の業務停止処分が決定
長州校に業務停止を命ずる
長州征伐じゃーい
同時に学園長の密命を受けた各地のヤンキーたちが長州校ヤキ入れ名目で襲来
しかし長州は薩摩名義で購入した超強力ピッチングマシーン「ユニオン号」などで応戦
ヤンキー軍団を撃退した
そんな中 家茂《いえもち》学園長が病死したとの報が伝わる
え！モッチー若いのに！
学園長急逝のため業務停止処分は一時保留だと
よかった！
本当に皆さんのお陰です！
西郷さん！「将来 雑種犬連れて浴衣で散歩してる三頭身の銅像になっちまえ！」って呪ったりしてすみません！
どんだけ俺のこと嫌いだったの!?
ファッ
To Be Continued・・・

ホントはこんな話

龍馬《りょうま》と慎太郎《しんたろう》の説得の甲斐あって、とうとう実った薩長同盟。西郷隆盛《さいごうたかもり》（84頁）側からから切り出してもらう形でスタートした同盟締結交渉ですが、「お前を同盟相手に貰う前に言っておきたい～ことがある～♪」とばかりに、桂小五郎《かつらこごろう》（58頁）からは最初にこれまで溜まりに溜まった薩摩に対する恨み辛みの数々が飛び出したらしいですよ。それを黙って受け止めたというから、さすが西郷どん、度量がデカいですね！

さて、第一次長州征伐の際に幕府に徹底恭順することで許された長州藩でしたが、その後高杉晋作《たかすぎしんさく》（69頁）率いる急進派が藩内クーデターを起こし、再び倒幕派政権となっていました。四国連合艦隊との戦争以降、攘夷《じょうい》が現実的ではないことは長州藩も身に沁《し》みて分かっていましたが、朝敵の烙印《らくいん》を押されたこともあり、高杉は幕藩体制から独立する「大割拠《だいかっきょ》」を提唱し、そのための軍備増強に力を注いでいました。すごいですね。長州藩だけで日本から独立ですよ。さすが金髪の狂犬は考えることが違う……って、「金髪の狂犬」はこのマンガで勝手につけたキャラ設定だった。

その動きを幕府が見逃すわけもなく、長州藩を長崎を含むすべての港から締め出して貿易を禁じると同時に、第二次長州征伐を計画します。貿易を封じられ、軍備を整えることができない状態で再び幕府に攻めてこられては、勝てる見込みは無く、長州藩は崖っぷち状態。龍馬に対し桂が「もはや滅びる覚悟」と言ったのは大袈裟《おおげさ》ではなかったのです。

そこで龍馬が考えた薩長同盟最初のプロジェクトは、「薩摩名義で買った武器や軍艦を長州に横流しする」というものでした。それに対する長州から薩摩への見返りは、長州名物・瓦《かわら》そば……ではなく、米です。薩摩は火山灰が降り積もったシラス台地と呼ばれる地形で（地理で習いましたね）、水はけが良すぎて米作に適さないのです。余談ですが、シラス台地でも栽培しやすい作物として薩摩で多く作られたのがサツマイモです。

まさか裏で薩摩と長州が手を結んだとは知らず、幕府は第二次長州征伐を決行します。しかし薩摩はもちろんのこと、他藩も征伐には消極的でした。多額の負担を強いられる上、他国にまで攻撃されていた長州に対する同情論もあったからです。そんなヤル気イマイチの幕府軍vs薩摩から横流しされた最新軍備を備えたヤル気の塊・長州藩。これでは勝敗は明らかですね。薩摩が購入した軍艦・ユニオン号で龍馬も参戦し、長州の勝利に貢献します。幕府の敗色濃厚な中、大坂城で将軍家茂《いえもち》（32頁）が病死したとの知らせが届きます。それを理由に「休戦の勅命《ちょくめい》」が朝廷から出され、長州征伐は一時休戦となりました。

その頃、土佐堀校では

徳川学園土佐堀校
…最近 更《さら》に薄くなったと思わんか?
えっ いやっ
動揺…
【土佐堀校 事務長】後藤《ごとう》象二郎《しょうじろう》
そんなことないですよ大丈夫ですよ
いや 薩摩校がどんどん発言力を強めているのに比べ
我が校の存在感はどんどん薄くなっておる!
【土佐堀校 前校長】山内容堂《やまうちようどう》
存在感の話か…
あぶねー…
それどころか薩摩と長州が手を結んで徳川経営陣にとって変わろうとしている
そうなれば学園長側についてきた我々も失脚しかねん!
そ そうですね 我が校は 土佐勤皇党《とさきんのう》が幅をきかせていた頃は攘夷《じょうい》派の意識高い系として存在感ありましたが…
その土佐勤皇党を全員退学処分にしてしまいましたからねぇ
長州と仲のよかった勤皇党を弾圧してしまったってのは具合悪いような気もしますしねぇ
うむむ… 武市《たけち》を切ったのはまずかったか…

土佐堀校には
特進科と普通科があり
両者には厳格な
身分差別が存在していた
すなわち
普通科の生徒は
生徒会長になれない
特進科の生徒と廊下ですれ違うときは
普通科の生徒は道を譲らねばならない
……などである
そんな中
キラ星のごとく現れた
普通科のリーダーが
武市半平太《たけちはんぺいた》である
土~佐~にさ~陽は
また昇ってゆく♪
【土佐堀校 普通科のリーダー】
武市《たけち》 半平太《はんぺいた》
俺たちも
メンバーでした
武市は強烈な
尊王攘夷思想を掲げ
「土佐勤皇党」という
チームを結成
攘夷派の他校とも盛んに交流し
強力なネットワークを形成
いざ攘夷同盟結成だ!!
気に食わんが…
時流には逆らえん
土佐勤皇党の活躍により
長州校と並ぶ「意識高い系」校として
土佐堀校は存在感を強めたのである

しかし「八月十八日の政変」により長州校が失脚すると攘夷派は急速にその勢いを失う
あいつら全員退学！
普通科のくせに調子に乗りやがって
吉田東洋《よしだとうよう》教頭を襲ったのもアイツらだろう
とんだ不良生徒たちめ！
土佐堀校でも勤皇党の台頭を苦々しく思っていた山内前校長が動いた
あのときは まさか長州が復権してくるとは思いませんでしたからねぇ
うむむ…
しかしどうして薩摩が長州に手を貸すことにしたのか…？
解《げ》せんな
ひそ ひそ ひそ
そのことなんですが前校長
ちょっとお耳にいれたいことが…
何っ⁉
薩摩と長州の仲介をしたのがウチの学校の元生徒⁉
どうもそのようです
坂本と中岡？知らんなぁ
いや…なんか居たなそういや！
勝先生が一度連れて来たヤツだ頭悪そうだったけどなぁ…
え〜？あれ〜？？
なんかサーセン
To Be Continued・・・

ホントはこんな話

土佐藩はとても身分制度の厳しい藩で、武士も上士（関ヶ原の戦いのあと新領主となった山内《やまうち》氏の家来）と下士（関ヶ原以前に土佐を治めていた長宗我部《ちょうそかべ》氏の家来）に分かれていて、下士は藩政には参加できない、上士に会ったら道を譲って頭を下げなければならないなど、色々な差別を受けていました。そんな虐《しいた》げられた下士の中から、尊王攘夷《そんのうじょうい》を掲げて結成されたのが、武市半平太《たけちはんぺいた》率いる「土佐勤皇党《とさきんのう》」です。はじめは力のない下士の集まりだったものの、世の尊攘思想の高まりに乗って勢力を拡大。尊王攘夷を藩論にまで押し上げるべく、ついには佐幕《さばく》（幕府を助ける）開国派の土佐藩参政・吉田東洋《よしだとうよう》を暗殺。以降、どんどん過激な活動を展開していきました。ちなみに龍馬も土佐勤皇党の一員でしたが、過激さを増す武市の思想に「何か違う感」を感じたのか、吉田東洋暗殺前に党を脱退し、その後脱藩しています。

安政《あんせい》の大獄《たいごく》※以来隠居謹慎中だった土佐藩の権力者、前藩主・山内容堂《やまうちようどう》は、武市という下士風情が長州と並ぶ尊攘派のリーダーとして中央政界で脚光を浴び始めるのを、苦々しい思いで見ていましたが、八月十八日の政変で尊攘派が敗北すると藩政に復権。土佐勤皇党を弾圧します。結果として、これにより土佐藩は有為の人材を多く失い、幕末・維新における存在感という点で、薩摩・長州に比べて大きく遅れをとることとなるのです。

※安政の大獄＝1858年、南紀派の大老《たいろう》・井伊直弼《いいなおすけ》が、一橋《ひとつばし》派や尊王攘夷派など反対勢力を弾圧した事件

武市半平太《たけちはんぺいた》

1829~1865年。江戸時代末期の土佐藩郷士。土佐勤皇党《とさきんのう》の盟主。
別名・武市瑞山《たけちずいざん》。

武市半平太は、土佐の上士と下士の真ん中にあたる白札格という身分に生まれました。実は龍馬《りょうま》とは遠縁にあたり、お互いの特徴を茶化して、龍馬が武市を「アゴさん」、武市が龍馬を「アザ」と呼びあう仲。人望があり、1854年に開いた道場には多くの門弟が集まり、これが後に土佐勤皇党の母体となります。剣術修行に出た江戸で長州藩の桂小五郎《かつらこごろう》（58頁）らに出会って尊王攘夷《そんのうじょうい》思想に共鳴し、土佐帰郷後に土佐勤皇党を結成。全国の尊攘派志士と連携を取り合う一方で、土佐藩論を尊王攘夷に変えるべく活動します。そして、藩主・山内容堂《やまうちようどう》の下で公武合体《こうぶがったい》政策を推進していた参政（藩政の最高責任者）・吉田東洋《よしだとうよう》を暗殺。藩内の攘夷派勢力と謀《はか》って藩政の主導権を握りました。山内容堂復権後に弾圧され、武市も1865年に切腹させられました。龍馬が土佐勤皇党を抜けるときには「あいつは土佐には納まりきらないやつだ」と言ったと言われています。愛妻家としても有名なんですよ。

後藤象二郎《ごとうしょうじろう》

1838～1897年。江戸末期から明治時代の武士、政治家。土佐藩参政。

後藤象二郎は、土佐勤皇《とさきんのう》党に暗殺された土佐藩参政・吉田東洋《よしだとうよう》の義理の甥にあたります。父亡き後東洋に養育され、その推挙で出世街道をひた走っていたため、東洋暗殺後は一時失脚しますが、隠居していた前藩主・山内容堂《やまうちようどう》の復権後に藩政に復帰。容堂の信頼を得て、参政にまで上りつめました。

薩長による倒幕の機運が高まり土佐藩の立場が危うくなってくると、後藤は、藩を離れて活躍していた龍馬《りょうま》や中岡慎太郎《なかおかしんたろう》（21頁）の存在に藩の活路を見い出だします。後藤は容堂の下で龍馬の仲間だった土佐勤皇党を弾圧した張本人なので、二人はいわば敵同士だったわけですが、実際に会ってみるとすぐに意気投合したと伝わります。龍馬は手紙の中でも後藤のことを「面白き人」「苦楽を共にする仲」「今、共に天下を議論している人たちの中でも特に立派」と高評価。実際、龍馬が提案した船中八策《せんちゅうはっさく》をただの奇策と退けずに評価し建白に尽力した後藤の功績は大きく、大政奉還《たいせいほうかん》の影の功労者と言えます。

龍馬君の８つの提案

料亭「清風亭《せいふうてい》」
お連れ様参られました
やあやあよく来たね
君たちが坂本君と中岡君だね
お呼びたてしてすまないいな
いえ…なんスか？土佐堀校の事務長さんが俺たちに用って？
いや君たちが非常に優秀な生徒だと聞いてね
ぜひまた土佐堀校に帰ってこないかと前校長がおっしゃってるんだ
……
不信…
いやあの…
正直に言おう 大胆な学校改造が必要だと思っているのは僕たちも一緒なんだ
各校が連携しあってよりよい学園を作るべきだが今は校長会も機能していない
土佐堀校としても君たちのような広い人脈と行動力のある生徒が欲しいんだ
……いっスよ バスケ部ごと引き取ってくれるならね
部費もたんまりよろしくです！

てな訳で土佐堀校に帰ることになりました
今までお世話になりました
いやいや
中岡君からも連絡があってね
土佐堀校と我が校で同盟を結びたいとのことで後藤事務長とも会うことになったよ
先日の長州征伐でも学園側の不甲斐《ふがい》なさが改めて浮き彫りになった
新学園長に就任した慶喜《よしのぶ》氏はなかなかの切れ者らしいがもう遅い
薩摩と長州土佐堀が手を組めば百人力だ
徳川の経営に引導《いんどう》渡してくれようではないか！
引導ねぇ…
俺は学園が生まれ変わってくれればそれでいいんスよ
徳川を引きずり下ろすことが目的じゃない
甘いよ坂本君！徳川がいる限り学園は変わらない！
西郷さんなんだか過激になって来ましたね
そのうち「俺は新世界の神となる！」とか言い出さないでくださいよ？
ドキッ
ハハバカな

西郷さんは
ああ言ってたけど…
徳川に成り代わって
薩摩や長州・土佐堀の
優秀な人材が合同で
学校運営をしてこそ
真の名門校を
目指すことができる！
薩長土が力ずくで
学園長を
解任したとしても
徳川に代わって
薩長土が権力を
独占すること
にならないか？
それに暴力的で
過激なデモは
大きな混乱を招く
どうしたん
だい？急に
お願いしたいこと
って何かな？
急いで
山内容堂《やまうちようどう》前校長の
ところへ向かって
欲しいんです
前校長は
今日は会議のために
京都に行っておられるんだ
そうそう
お陰で薩摩校と
同盟を結べたよ
これで学園改革
にも本腰が入る

そのことなんですが徳川を経営から引きずり下ろすため薩摩や長州は大規模で過激なデモ活動を計画しています
でもそれでは学校生活はストップしヤンキーたちにも暴れる口実を与え学園の評判も下がる
外資にもつけいる隙を与えかねない
だから山内前校長を通じて新学園長にこの提案をして欲しいんです！
リョーマくんの8つの提案
①経営権を理事長に返す ←コレ大事!!
②議会によって運営する
③有能な人材を学閥《がくばつ》を問わず起用する
④外資との不平等な契約を見直す
⑤学則改訂
⑥運動部の強化に力を入れる
⑦学園生徒会設置
⑧学費の見直しと奨学金設置
もしこれを新学園長が飲んでくれれば平和に学校改革が進められる
受け入れられない場合は過激デモもやむを得ないでしょう
こ これは!!
これを君が考えたのか!?
一見アホそうに見えてやはりとんでもない大物か……！
いや受け売りっス
キリッ
受け売りかーい
To Be Continued・・・

ホントはこんな話

かつて山内容堂《やまうちようどう》は越前福井藩主・松平春嶽《まつだいらしゅんがく》や薩摩藩主・島津斉彬《しまづなりあきら》と並び「幕末の四賢侯」と称され、土佐藩も幕政において大きな影響力を持っていたのに、薩長同盟が締結されて倒幕の機運が高まり、今や土佐藩は完全な置いてけぼり状態。それどころか長州と共に活動していた土佐勤皇《とさきんのう》党を弾圧したという黒歴史があるだけに、このまま薩長政権が誕生しちゃったりしたら、土佐藩の未来はヤバイ！　と、山内容堂や参政・後藤象二郎《ごとうしょうじろう》（107頁）は大慌て。そこで薩長同盟の立役者でもある龍馬《りょうま》と慎太郎《しんたろう》を取り込むことによって、土佐藩の存在感UPを図ったのです。龍馬たちにしても、脱藩を赦免されるだけでなく、経営難に陥りつつあった亀山社中《かめやましゃちゅう》のスポンサーになってもらえるとあって（土佐藩外郭団体として「海援隊《かいえんたい》」と改称）、渡りに船だったわけです。

薩長による武力倒幕の準備が着々と進む中、中岡慎太郎の仲介で薩土同盟が締結されるのと平行して、龍馬は１８６７年６月、長崎から兵庫へ向かう藩船・夕顔丸の船中で新国家体制の基本方針案を後藤に伝えます。世に言う「船中八策《せんちゅうはっさく》」です。その中身は、将軍が自ら政権を朝廷に返還する「大政奉還《たいせいほうかん》」を骨子とし、「上下両院議会を設置した議会政治」や「憲法の改正」「海軍の増強」などからなる、画期的なものでした。画期的という言葉はいいですが、幕府存亡の危機の時に自ら返上すべしという大政奉還論は、この時の常識からすればほとんど奇策。実はこの大政奉還論は龍馬のオリジナルではなく、横井小楠《よこいしょうなん》や勝海舟《かつかいしゅう》（75頁）など開明的な幕臣の中では早くから提唱されていたアイデアで、一度は密かに検討されたこともありましたが、いわば机上の空論として退けられ、公武合体《こうぶがったい》などの現実的な妥協策に流れていたのです。しかしそんなトンデモ策でも、薩長vs幕府の構図の中に第三勢力として食い込むためのワンチャンを狙う土佐藩にとっては一筋の光明と映りました。容堂は「酔えば勤王、醒めれば佐幕」と揶揄《やゆ》されるほど時流に乗って立場を変える人間ではありましたが、基本的に公武合体《こうぶがったい》の考えだったため、薩長による武力倒幕を快く思っていませんでしたし、もし大政奉還論が受け入れられれば、無駄な内戦を避けることができるだけでなく、うまくやれば徳川が新政府でも主導権を握り、土佐藩も新政府樹立の立役者となれるからです。

ちなみに龍馬は大政奉還が受け入れられない場合は武力倒幕もやむを得ないと考えていて、後藤に「もし受け入れられなかったら、後藤さんも当然切腹されることでしょうから、あとは自分たちが武力でがんばります！　あの世で会いましょう！」というアツい（？）激励《げきれい》メールも送っています。

年	月日		月日	龍馬はその頃…	年齢
1865（慶応元年）	閏5月	亀山社中を設立	閏5月6日	桂小五郎と会い、薩長和解を説得	31
1866（慶応二年）	1月21日	薩長同盟成立	1月20日	京都薩摩藩邸にて、西郷・桂と面談	32
			1月23日	寺田屋事件	
			3月4日	薩摩・霧島温泉へ湯治に向かう	
	6月7日	第二次長州征伐戦争始まる	6月	第二次長州征伐にて、ユニオン号で長州藩を支援	
	7月20日	家茂、大坂城で逝去（21歳）			
	12月5日	一橋慶喜、第15代将軍に就任			
	12月25日	孝明天皇崩御（37歳）			
1867（慶応三年）	1月9日	明治天皇践祚	1月13日	後藤象二郎と会談	33
	4月14日	高杉晋作没（29歳）	4月上旬	亀山社中、「土佐海援隊」に改称	
			4月23日	いろは丸事件	
			6月	土佐藩船夕顔丸で後藤象二郎と大政奉還を協議、「船中八策」を示す	
	7月8日	後藤象二郎、山内容堂と藩主豊範に大政奉還の建白を訴える			
			9月29日	6年ぶりに土佐に帰郷し、坂本家に帰省	
	10月3日	土佐藩、大政奉還建白書提出			
	10月14日	慶喜が政権奉還を上奏			

第4章 徳川学園 経営陣 編

花の大奥《おおおく》女子高校

かつて徳川学園は
学園長の座を巡り
熾烈《しれつ》な派閥《はばつ》争いが
繰り広げられていた
時期があり
次期学園長はどっちだ!?
水戸校
一橋慶喜
一橋派
徳川家茂
紀州校
南紀派
大奥女子高内部から
慶喜《よしのぶ》氏を推す機運を
盛り上げるのだ！
【薩摩校 校長（当時）】
島津《しまづ》 斉彬《なりあきら》
私は一橋《ひとつばし》慶喜氏を学園長に
推すという密命を帯びて
一橋派の薩摩校から大奥女子高
に送り込まれたのだが
お任せください
慶喜、女子に
人気なさすぎて
無理。
こんな時代に
女子高とか
いります？
感じ悪っ！
水戸校嫌い！
水戸の
エロじじいの
息子のくせに
私も無理！
イラッ
何だよコイツ

To Be Continued・・・

篤姫《あつひめ》

1836（?）〜1883年。薩摩藩主・島津斉彬《しまづなりあきら》の養女で、右大臣・近《この》衛《え》忠熙《ただひろ》の養女として徳川幕府第13代将軍徳川家定《いえさだ》御台所《みだいどころ》（正室）となる。実父は第9代薩摩藩主・島津斉宣《なりのぶ》の七男・忠剛《ただたけ》。出家してからは天璋院《てんしょういん》と号す。

篤姫は21歳の時に家定に嫁ぎ大奥《おおおく》に入りますが、病弱だった家定が結婚生活わずか1年9ヶ月で死去。出家し、以降は天璋院と呼ばれます。和宮《かずのみや》（33頁）との確執についてよく取り沙汰されますが、嫁姑《よめしゅうとめ》とは言っても、このとき和宮16歳、篤姫26歳。どちらかというと、高卒だけど仕事バリバリする先輩の元に、超高学歴の後輩新入社員が色んな特別扱いを受けつつ入ってきて、カチンとくるんですけどーみたいな感じでしょうか。もっともモメたのは最初だけで、同じ徳川に嫁いだ女として共鳴するものもあったのか、段々仲良くなったようですよ。維新後は、薩摩からの里帰りの勧めや金銭的援助も固辞して江戸に留まり、徳川宗家や大奥出身者の生活の保護に尽力しました。和宮との親交も続き、和宮亡き後はその終焉の地である箱根を訪れ、彼女を偲《しの》んで涙を流したと伝わります。

ホントはこんな話

篤姫《あつひめ》（119頁）は家茂《いえもち》（32頁）の前の将軍、家定《いえさだ》の御台所《みだいどころ》（正室）です。公家出身の正室を2人続けて亡くした家定に、次こそ健康な武家出身の正室を！　ということで、薩摩藩から輿《こし》入れして来ました。薩摩・島津家から御台所を迎えた先々代の将軍・家斉《いえなり》が長寿で子だくさんだったので、それにあやかろうとしたのです。

　薩摩藩にとっても、篤姫を輿入れさせることによって幕政における立場をより強くしたいという狙いがあったことはもちろんですが、それ以外にも彼女にはある重要な任務が課せられていました。一橋慶喜《ひとつばしよしのぶ》（125頁）を次期将軍に推す空気を大奥《おおおく》内に作ることです。実は、脳性麻痺だったとも言われているうえに非常に病弱だった家定に世継ができることはほぼ絶望視されていて、家茂を推す南紀派vs慶喜を推す一橋派の後継者争いはすでに激化しており、薩摩藩主・島津斉彬《しまづなりあきら》は一橋派の中心人物だったのです。大奥は言わずと知れた将軍の妻たち子どもたち、奥女中らが暮らす居所、将軍以外の男子禁制の女の園ですが、幕府の人事や次期将軍選びにも影響力を持つ一大勢力でもあり、大奥が慶喜支持となれば、一橋派にとって非常に有利だったわけです。

　さて、そんな使命を帯びて大奥にやってきた篤姫ですが、大奥での慶喜のイメージは、非常〜〜に悪く、のっけからアウェイ感を味わうことになります。と言うのも、慶喜の父である水戸藩主・徳川斉昭《なりあき》はいわゆるセクハラオヤジなうえに大奥出身女性を無理やり手篭《てご》めにした複数の疑惑まであり、しかも大奥の経費削減を主張していたため、大奥の水戸アレルギーはハンパなく、「斉昭大嫌い！　その息子の慶喜も嫌い！」という空気に満ちていたのです。結局、篤姫の「慶喜応援キャンペーンin大奥」はほぼ進まないまま（と言うか、むしろ篤姫もアンチ水戸になっていき）、１８５８年、家定は次期将軍に家茂を指名して亡くなります。篤姫が嫁いでわずか2年足らずのことでした。

新将軍・家茂はその人柄から大奥での受けも良く、立場上は養母となった（先代の妻ですからね）篤姫も家茂にすこぶる好印象を持ったと言われています。だがしかし、その好青年将軍家茂も、持病の脚気《かっけ》を悪化させて、在位わずか8年、21歳の若さで亡くなります。で結局、後を継いで第十五代将軍に就任したのが慶喜。篤姫にしてみると、当初の目的が叶った形にはなるわけですが、この時すでに慶喜推しだった養父・島津斉彬も亡く、慶喜もいけ好かないし、なんだかなぁ。慶喜は将軍就任後もほぼ京都で過ごし江戸城に入っていないため、大奥に来ることもなかったと言われています。着任早々、それまで誰も手を出せなかった聖域・大奥の予算削減もバッチリ行う慶喜。着任しても挨拶にも来ず、予算までも削るんかーい！　という大奥女子たちのイラッ！　が想像できますよね～。

昨日の敵は今日の強敵《とも》

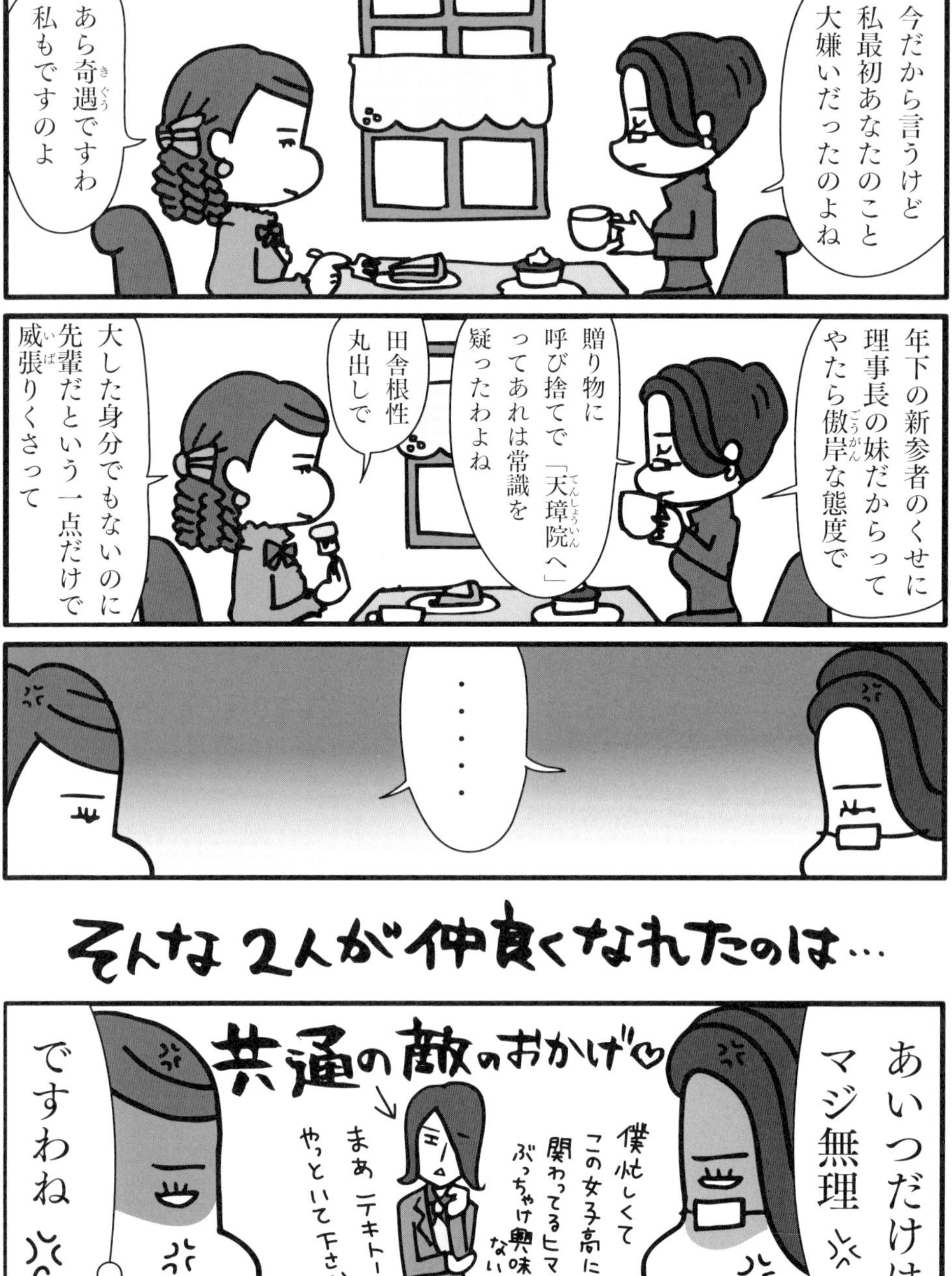

To Be Continued・・・

ホントはこんな話

いつの世もややこしい「嫁姑《よめしゅうとめ》関係」（いや、筆者は極めて良好な嫁姑関係を築いていますけどね。って、別に聞いてないって?）。ただでさえモメがちなのに、伝統あるお家柄同士の結婚だけど、嫁のほうが身分ははるかに高くて、でも姑は折れる気一切ナシの勝気な性格、しかも嫁と姑の年齢差わずか10歳って、こりゃモメんわけないわな。家茂《いえもち》（32頁）よりも身分が高く、しかも政治のためにはるか遠く関東へ嫌々嫁ぐ和宮《かずのみや》（33頁）は、降嫁《こうか》に際し様々な条件をつけていました（暮らしは万事御所風にすることとか、里帰りは自由にさせること等）。しかし「そんなこと知ったこっちゃないわい、嫁入りしたからには徳川のやり方に従ってもらうわい」というのが、姑・篤姫《あつひめ》（119頁）のスタンス。篤姫のほうが上座で座布団があるのに和宮にはなかったとか、和宮から篤姫への贈り物に「天璋院《てんしょういん》へ」と書いていた（呼び捨てかーい!）とか、それぞれの取り巻きの対立もあって、降嫁当初は朝廷と幕府の間にも寒い風が吹くほどにモメたようです。しかしここでも事態打開に発揮されたのが家茂の「お人柄」。両者に対して誠実な家茂に、2人のトゲトゲも徐々に氷解していったんだとか。いやぁ、今も昔も嫁姑関係の行方は間に入る夫の姿勢にかかっているんですね。そして別の意味でお役立ちだったのが慶喜《よしのぶ》（125頁）。彼の大奥予算削減改革に両者結託して反対するうち、距離も縮まったということで、慶喜、グッジョブ!?

学園長はつらいよ

To Be Continued・・・

徳川《とくがわ》（一橋《ひとつばし》）慶喜《よしのぶ》

1837〜1913年。徳川幕府第15代将軍。水戸藩主・徳川斉昭《よしのぶ》の七男。一橋徳川家の第9代当主であったため、一橋慶喜とも呼ばれる。

徳川幕府最後の将軍・慶喜。幼い頃より聡明で「家康《いえやす》の再来」とも謳われ、幕政建て直しの期待をかけられていました。将軍後継問題では家茂《いえもち》（32頁）に敗れますが、将軍後見職となり数々の重要な働きをしています。将軍就任後は、開国以来幕府が抱えてきた様々な問題を脅威的なスピードで解決したあと、あっさり政権を朝廷に返上。しかしそれに続く戊辰《ぼしん》戦争・鳥羽伏見の戦いで、家来を残したまま江戸へ逃げ帰ったため（これもスピード感がすごい！）、彼の評価はまさに真っ二つに分かれます。開明的で実行力に優れた英明な人物という評価と、ずる賢く信用ならない人物という評価です。恐らく慶喜は恐ろしく頭の回転が速く、決断は早いし正確だけど、合理的かつドライな性格で、周りに理解してもらう努力や空気を読むことも一切しないため、凡人にはずる賢い嫌な奴に映ったのではないでしょうか。鳥羽伏見での逃亡も、天皇の権威に逆らわなかった点、内戦をこじらせて欧米列強に戦争介入される事態を回避した点からも、大きな英断だったと言えます。

京都副校長もつらいよ

To Be Continued・・・

松平容保《まつだいらかたもり》

1835〜1893年。高須藩主・松平義建《よしたつ》の六男として生まれ、叔父の会津藩第8代藩主・容敬《かたたか》の養子となり、その跡を継いで第9代藩主となる。京都守護職。

☆　☆　☆　☆　☆

松平容保はまさに「いい人すぎて色々押しつけられて詰んだ人」。ハイリスク・ローリターンの京都守護職を押しつけられ（慶喜《よしのぶ》［125頁］や松平春嶽《しゅんがく》が、徳川家への忠誠を絶対第一条件に謳《うた》う「会津藩家訓」を持ち出して強引に説得）、無茶ばかりする新撰組《しんせんぐみ》を押しつけられ、そのせいで尊攘《そんじょう》派の怒りをたんまり買わされたのに、大政奉還《たいせいほうかん》と江戸無血開城で慶喜が自分だけ要領よく逃げてしまったせいで、そちらに向かうはずだった薩長の怒りの矛先まで押しつけられ……。慶喜ほんと、容保に謝って！

真面目で誠実な人柄（しかもイケメン）で、孝明《こうめい》天皇に最も信頼され、直筆の礼状まで賜り、彼はそれを竹筒に入れて亡くなるまで肌身離さず持っていたと伝わります。そんな容保が戊辰《ぼしん》戦争で朝敵とされてしまったことは悲劇としか言いようがありませんが、後に孫娘の松平節子《せつこ》が大正天皇の第二皇子・秩父宮雍仁《ちちぶのみややすひと》親王に嫁ぎ、事実上、会津の朝敵汚名返上と名誉回復となりました。

理事長だってつらいなり

To Be Continued・・・

孝明《こうめい》天皇

1831～1866年。第121代天皇。諱《いみな》は統仁《おさひと》。明治《めいじ》天皇の父。

長い江戸時代の間、君主とは名ばかりで、幕府に色々制限を受け実権も持たず、京でただ血筋をつないできただけの天皇家でしたが、黒船来航以降、にわかに持ち上げられ頼りにされ始めます。特に孝明天皇は異国嫌いで異国との条約破棄を強く望んでいたことから、こう言っては何ですが、尊王攘夷《そんのうじょうい》派のいいダシに使われていた節もあります。特に長州藩と攘夷派の公家は、破約攘夷を掲げて天皇を担いでいましたが、天皇の意思を無視した勅語《ちょくご》（天皇の言葉）を出すなど専横が目立つようになり、孝明天皇は不快感を顕《あらわ》にしていたと言われています。逆にお気に入りは会津藩主・松平容保《まつだいらかたもり》で、京都守護職であり忠誠心厚い彼を何かにつけ頼りにしていました。天然痘《てんねんとう》により死亡したとされていますが、孝明天皇はそれまで風邪ひとつ引いたことがないほどすこぶる健康体だったことや、その死の直後から追放されていた薩長派の公卿が次々に復権したことなどからも、岩倉具視《いわくらともみ》らに暗殺されたとする噂が当時からあり、今現在も議論が分かれるところです。

学校経営お返しいたします！

これに危機感を募らせたのは薩摩と長州である
俺たちの出る幕がなくなる…
いや！大丈夫だ！
土佐堀校が提出する「大政奉還《たいせいほうかん》要望書」！
あれはさすがに受け入れられないはず！
学園長 実は我々からご意見がございます
【土佐堀校 校長】山内《やまうち》豊範《とよのり》
この要望書を蹴ったとき…
そのときこそいよいよストライキ決行だ!!
ストライ
イッツザ大政奉還。
なるほど分かりました
あっさり
経営権理事長にお返しします
えぇっ
なんでっ!?
To Be Continued・・・

慶喜《よしのぶ》（125頁）はまるで、徳川政権を終わらせるために将軍に就任したような人物です。実は慶喜自身、将軍就任の頃から政権返上について考えていたと、後に語っています。

家茂《いえもち》（32頁）の急逝後、慶喜は徳川家は継いだものの、半年近くもの間、将軍職への就任を渋りました。「なりたくないけど、みんながどうしてもと言うなら」という構図を作ることによって、その後の主導権を握ろうとしたとも言われています。ようやく将軍職に就任した直後、今度は孝明《こうめい》天皇が急死します。開国について意見の相違はあったとはいえ、慶喜や松《まつ》平容保《だいらかたもり》（127頁）を信頼し幕府を支持していた孝明天皇を亡くしたことは、慶喜にとっては痛手でした（なので倒幕派による暗殺説まであるほどです）。

それにもめげず、慶喜は将軍に就任するやいなや、驚くべきスピードで数々の問題を解決していきました。まず、通商条約の中に盛り込まれていながら勅許《ちょっきょ》（天皇の許し）が下りないため実現できず、諸外国からの批判の種となっていた兵庫開港を実行します。慶喜は朝廷を説き伏せ……というと聞こえはいいですが、反対する公家に対し「日本書紀や古事記から抜け出たようなあなたがたの意見は時代錯誤だ」とボロカス言って論破して認めさせたというからすごいですね。次に、勝てそうになかったので将軍家茂の死を理由に休戦した第二次長州征伐ですが、勅許を得て長州を赦免《しゃめん》します。負けてるくせに「これくらいにしといたるわ」ってほとんどコメディですが、ともかく内戦を終結することに成功したわけです。続いて、フランスの援助を得て軍制改革に着手します。これは第二次長州征伐の時、薩長の後ろに影をチラつかせていたイギリスを牽制《けんせい》する狙いもあったとみられます。あと、それまで誰も手がつけられなかった大奥の財政改革も断行しています。こうして、色々な人々をカチンとこさせながらも、慶喜はそれまで誰も解決できなかった問題を次々に解決していきました。

そして最後にして最大の改革が「大政奉還《たいせいほうかん》」です。土佐藩主・山内豊範《やまうちとよのり》の建白を受け、1867年10月13日、慶喜は重臣を京都・二条城に招集し大政奉還を諮問、翌14日に「大政奉還上表」を朝廷に提出し、15日に勅許がおりて大政奉還が成立します。そのことを聞いた龍馬《りょうま》は、慶喜の英断に感激し涙したと伝わります。

薩土同盟を結び、土佐藩の建白案に同意していた薩摩藩ですが、内心では慶喜が大政奉還を受け入れるわけはないと考え、その時こそ「朝廷への反逆の意志あり」という倒幕の大義名分ができるので、むしろ好都合だとさえ考えていただけに、このことは大きな誤算でした。そして、薩長がこのまま黙っているわけもなく……。

ある銅像のボヤキ

To Be Continued・・・

ホントはこんな話

さて、これまで実に色々あったけど、ついに大政奉還《たいせいほうかん》。でもこれで一件落着とはいかず、この後も一悶着《もんちゃく》も二悶着もあるわけですが、ここまで見てきて、「もし孝明《こうめい》天皇さえ条約締結に反対しなければ、ぶっちゃけここまでモメなかったんじゃない？」という感がぬぐえない。まぁ歴史に「もし」はないわけですが。

少し時代を遡《さかのぼ》りますが、そもそも黒船来航までは老中たちの合議で物事を決めていたのが、開国か否かという国家の一大事に際し、幕府が幕臣や諸大名に意見を求めたのが事の発端です。それ自体は民主的で結構なのですが、予想以上に強硬な開国反対意見が多く、幕府は途方にくれます。開国しないわけにはいかないどうしよう↓勅許《ちょっきょ》（天皇の許可）を得て反対派を説得しよう↓孝明天皇に相談↓異人嫌いの孝明天皇大反対↓でも開国しないわけには（以下同文）↓無勅許で条約締結するしかない（汗）というドツボな展開。無理なら最初から相談するなよって話ですが。この無勅許締結が尊王攘夷《そんのうじょうい》運動に繋がったことは前に述べましたが、日米修好通商条約を締結した大老・井伊直弼《いいなおすけ》が南紀派の中心人物でもあったため、一橋《ひとつばし》派との争いも絡み、1858年の安政《あんせい》の大獄《たいごく》（井伊が一橋派や攘夷派を排除・弾圧）を経て、1860年井伊が暗殺された桜田門外《さくらだもんがい》の変へも繋がります。それは幕府の弱体化を晒し、倒幕へ傾《なだ》れこむ大きな要因ともなったのです。（↑いまココ）

革命！近江屋のバラ!?

龍馬たちの最近のたまり場・近江屋
近江屋
しかし慶喜《よしのぶ》には恐れ入ったぜ
まさかあの要望を飲むとはな…
あいつはちゃんと分かってるのさ
あの要望を蹴れば確実にストにもつれ込む
そうなれば薩長は新理事長に働きかけて自分をクビにするだろう
しかも外資につけ入る隙を与えちまうってな
大したヤツだぜ！
あいつになら新しい体制を任せられる…
しかし西郷さんたちがこのまま黙ってるかな？
大丈夫だろ
西郷さんやコゴローちゃんもこれから教職取って学校を支えていくってよ
おまえはどうするんだよ龍馬
おまえも教職か？
まーさか！
ピョンッ
センコーなんて柄《ガラ》じゃねーぜ
俺は留学してぇんだよ
バスケの本場をこの目で見てみたい！
ふっ
お前らしいな！
しゃーねぇ
俺も語学留学でついて行くかな

チャッ!!
はっ!
龍馬っ!
ズガァアアン
し…慎ちゃん…?
ズルッ
慎ちゃーーーーん!
チャチャッ
ズガァア

龍馬さん！
ダッ
龍馬さん！龍馬さん！動かないでくださいね 今傷口を縛りますから！
い…いいんだ藤吉《とうきち》
慎ちゃんが…待っているんだよ
はぁ はぁ はぁ…
どうか俺を慎ちゃんと同じ場所へ…
俺たちは…アミーゴなんだから…
泣かないでくれ 藤吉
今俺はこんなにも安らかだ
自己の真実のみに従い悔いなく与えられた生を生きた
人間としてそれ以上の喜びがあるだろうか
自由 平等 友愛
この崇高《すうこう》なる理想の
永遠に人類のかたき礎《いしずえ》たらんことを…
慎…ちゃん…
って まてまて まてーーい!! なんで最後がBL展開!?
編集〇のさしがねか!?
ベルばらごっこ楽しいですよね〜
僕 ロザリー♡
むくっ
んで誰だよお前ら！
俺なんで裸だよ!?
えっと…バスティーユ守備兵？
意味分からんわ！
To Be Continued・・・

ホントはこんな話

龍馬《りょうま》と慎太郎《しんたろう》が暗殺された近江屋事件が起こったのは、１８６７年11月15日（新暦12月10日）の夜。２人が滞在していた京の醤油屋・近江屋を訪れた刺客たちは、龍馬の下僕で元力士の藤吉《とうきち》を階段の途中で斬り、彼が転げ落ちる音に「ほたえなや（騒ぐな）！」と土佐弁で叫んだ声で龍馬の居室を悟ります。部屋に入るなり斬りかかってきた刺客の一撃を、龍馬はとっさに鞘《さや》で受けたものの、そのまま額を割られています。龍馬と慎太郎は滅多切りにされ、龍馬には34箇所、慎太郎には28箇所もの傷があったと伝わります。龍馬はほぼ即死状態でしたが、慎太郎は2日後に亡くなりました。

龍馬は生前、乙女《おとめ》に宛てた手紙の中で「私が死ぬ日は、天下に一大事が起こり、生きていても役に立たず、居なくても大丈夫になってからでなくてはなりません。（中略）『土佐の芋ほり』ともなんとも言えない居候の身に生まれながら、一人の力で天下を動かすべきなのは、これもまた天命なのでしょう」と書いています。土佐のしがない一浪士である龍馬が天下の一大事である大政奉還《たいせいほうかん》の礎《いしずえ》を築いたことは、龍馬の言う通り、まさに天命と言うほかありませんが、この後に巻き起こる混乱を知っている私たちから見れば、龍馬が居なくても大丈夫な状態にはまだなっていなかったのでは、という気がしてなりません。

本物？ 偽物？ 彼らの肖像

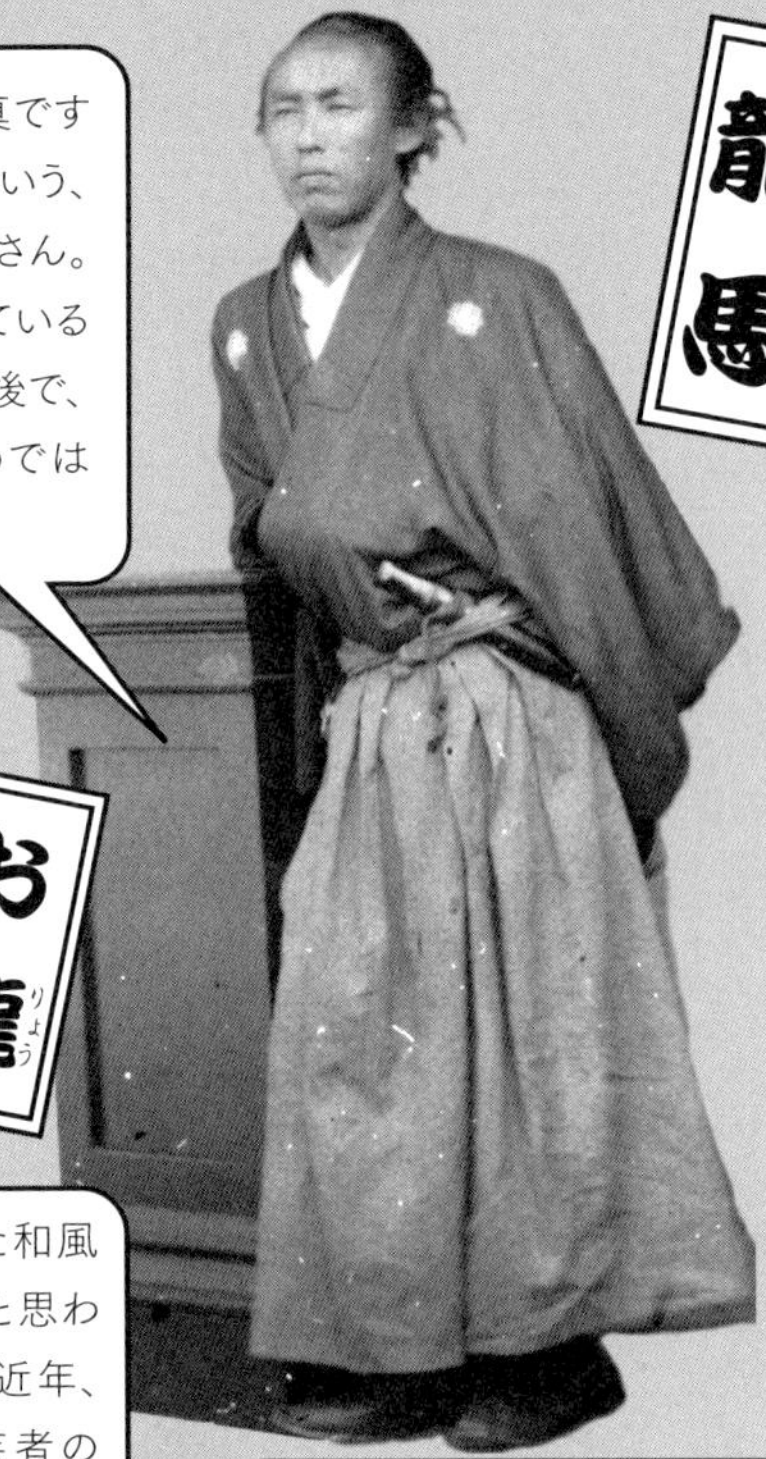

龍《りょう》馬《ま》

龍馬といえばこの写真ですよね。足元はブーツという、なかなかのハイカラさん。不自然に両手を隠しているのは寺田屋事件の直後で、手の負傷を隠すためではとも言われています。

お龍《りょう》 の、別人

このスッキリとした和風美人、長年お龍だと思われていましたが、近年、どうやら別人の芸者の写真らしいと判明。

徳《とく》川《がわ》家《いえ》茂《もち》

和宮の棺の中に納められていた写真の男性が、亡くなる直前の家茂ではと言われていますが、発掘時の管理が悪かったため画像が消えてしまいました。もしや元婚約者の有栖川宮だったのでは!? って勘ぐる声もありますが、そんな堂々と夫以外の写真入れたりせんだろ、流石《さすが》に。

和《かず》宮《のみや》 の、別人？

和宮の写真かと言われていますが、別人説も。発掘された遺骨には左手首から先がなく、和宮は左手が欠損していた可能性があるらしいのですが、この写真には…左手、写ってますね？

篤《あつ》姫《ひめ》

確かにちょっと厳しめの姑《しゅうとめ》っぽいこの写真。激動の幕末期に大奥のリーダーを務めた強さが表れているようです。

徳川慶《よし》喜《のぶ》

豚の好きな一橋様、略して豚一様と呼ばれて disられ…もとい、親しまれるほど豚肉好きだった慶喜。そのお陰か脚気に悩まされることもなく、歴代将軍最高齢の76歳まで生きました。維新後は政治に関与せず、趣味に没頭する生活を送り、1908年、大政奉還の功により明治天皇から勲一等旭日大綬章を授与されています。

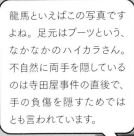

イケメン対決！

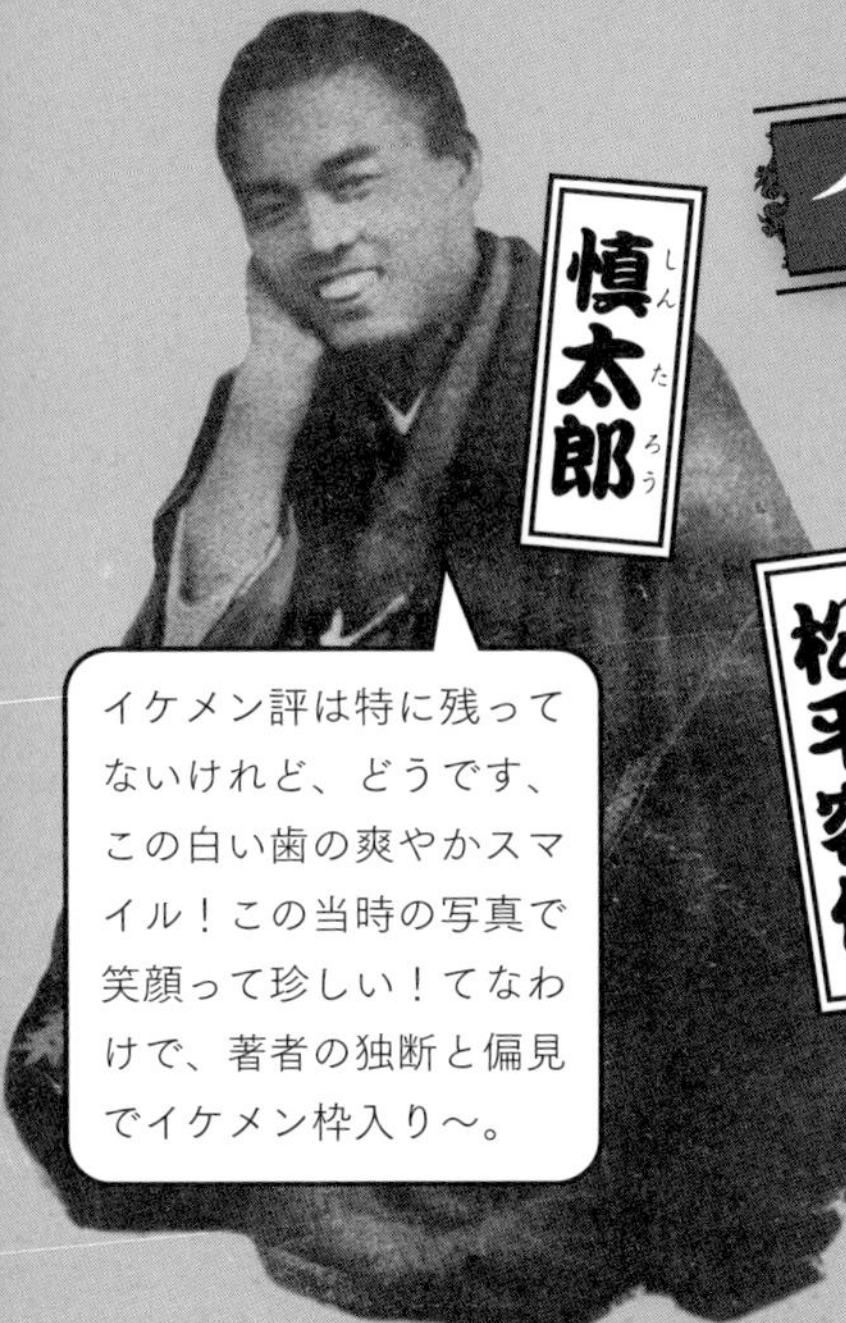

慎《しん》太《た》郎《ろう》

イケメン評は特に残ってないけれど、どうです、この白い歯の爽やかスマイル！この当時の写真で笑顔って珍しい！てなわけで、著者の独断と偏見でイケメン枠入り～。

松《まつ》平《だいら》容《かた》保《もり》

土《ひじ》方《かた》歳《とし》三《ぞう》

女性スキャンダルでクビになったりラブレターを山のように貰ってたりとモテ伝説多々。「鬼の副長」だし、どっちかというとＳ系俺様キャラ？

対する優しい王子様キャラの容保。イケメンぶりが話題になり、上洛時には沿道が野次馬で埋め尽くされたとか、朝廷に参内すると宮中女子たちがザワついたとか、ちょっとしたアイドル的存在。

イカツイメン対決！?

西《さい》郷《ごう》隆《たか》盛《もり》

プリクラギャルばりにキラキラ大きな瞳の西郷どん。実は実写ではなく、死後に弟と従兄の写真を元に作られた合成写真または肖像画。ホントはこんな顔じゃなかったという説が近年有力。ちなみに、上野公園にある犬を連れた銅像も、西郷の妻が一目見て「ウチの人はこんなんじゃない」とバッサリだったと言われています。

近《こん》藤《どう》勇《いさみ》

マンガでは極太眉にしちゃいましたが細眉系ヤンキーでしたか。口の中に拳を入れるという、特に役に立たなさげな特技を持っていたという近藤。確かに口は大きそうですね。

▶肖像画の出典はp.156をご覧ください

コゴローちゃんの歴史解説

龍馬暗殺犯は誰だ!?

龍馬《りょうま》暗殺の犯人、それはバスティーユ守備兵……じゃないことは確かですが、常に色々な憶測が囁《ささや》かれている歴史のミステリーのひとつ。でも実は京都見廻組《みまわりぐみ》の今《いま》井信郎《いのぶお》が「京都守護職・松平容保《まつだいらかたもり》（127頁）の命令で、自分たち見廻組が殺《や》った」と自白していて、謎でもなんでもないんですよね。松平容保は薩長同盟のせいで一番被害を蒙《こうむ》った人物なので動機は十分すぎるほどありますし、今井の細かい証言には信憑《しんぴょう》性もある。それなのに、未だに暗殺犯として「新撰組《しんせんぐみ》（特に斉藤一《さいとうはじめ》）説」「紀州藩説」、更には味方であるはずの「薩摩藩説」や「土佐藩説」までが挙げられるのは、それだけ龍馬と慎太郎《しんたろう》の行動が各方面に多大な影響をもたらし、いろいろな人から危険人物とみなされていたからだと言えます。ちなみに、瀕死《ひんし》の慎太郎の証言や遺留品から、新撰組説も根強く主張されていますが、これは事件かく乱のためのトリックのような気もしますねぇ。

でもまぁ、何にしても、これだけ多方面から狙われているのに、龍馬さんはちょっと無用心すぎるんですよ。僕も手紙で「あなたは心が公明で、度量が広いのはいいのですが、とにかく『用心』というものを知らなさ過ぎる」とたしなめているほどです。油断禁物ですよ、龍馬さん！　ってもう遅いですが……グスン。

第5章 花咲け！新学園編

イラッ

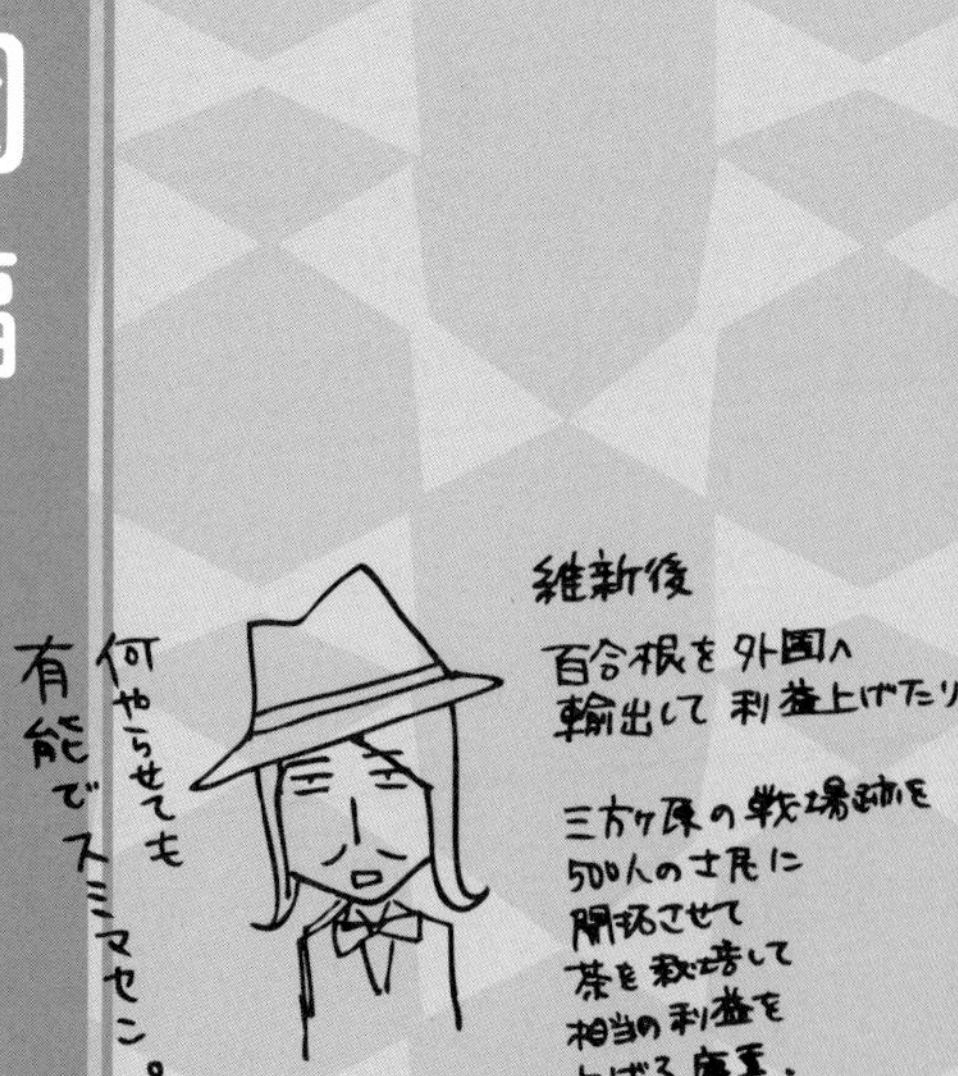
何やらせても有能でスミマセン。
維新後
百合根を外国へ輸出して利益上げたり
三方ヶ原の戦場跡を500人の士民に開拓させて茶を栽培して相当の利益を上げる慶喜。

んで？大政奉還《たいせいほうかん》で慶喜《よしのぶ》が経営権返上するって言った後学園どうなったわけ？
やっぱり西郷さんたちそのまま黙ってはいなかったみたいだぞ
ピコピコ
ピコ
ところで何？俺たちのこの恰好《かっこう》
・・・あまり気にすんな
明治新理事長の許可を得て大規模デモを起こし慶喜をクビにしようと企んでいた西郷たちだったが
Fight！
K.O
Yoshinobu
99
saiGO!
大政奉還！
おもいがけぬ大政奉還にいきなり出端《でばな》をくじかれる形となる
くっ やられた!!
クビになる前に自ら経営権を理事長に返すとは！
フフフ
しかも経験のない理事長やあなた方だけでいきなり経営は無理でしょう？
僕が経営ブレーンになりますよ？
K.O
Yoshinobu
76
saiGO!
いらねぇよ！
王政復古の大号令！
くっ

薩摩・長州・土佐堀勢と理事の岩倉具視《いわくらともみ》らは「王政復古《おうせいふっこ》の大号令」を宣言し慶喜を排除しようとするが
① 徳川学園長は解任
② 京都校副校長も解任
③ 徳川経営陣は解散
④ 理事会も解散
⑤ 新たに総裁・議定・参与を設置
若い理事長をそそのかして権力を握るつもりか！
慶喜氏も新経営陣に入れるべきだ
薩長たちが何好き勝手やってるんだよ！
他校からクレームじゃんじゃんプラス土佐堀校の山内前校長も異議を唱える
慶喜擁護《ようご》の声に押され新経営陣に入れそうな慶喜だったが
むむむむ…
K.O
Yoshinobu
58
saiGO!
世論を味方につけた！
フフフ
ニヤリ
地味な挑発行為を繰り返し慶喜がキレるよう仕向ける西郷
いつまで耐えられるかな？
K.O
Yoshinobu
45
saiGO!
挑発行為の連打！！！
K.O
Yoshinobu
37
saiGO!
ニヤッ
挙兵！！
ふぬっ！
ああっ挑発に乗っちゃったよ

今だ！
saiGO!
K.O
6
ぐぃーんっ
Yoshinobu
!!
錦旗拳！！
薩摩は恭順姿勢をとる慶喜に
挑発行為を繰り返し
それに慶喜がキレる形で
鳥羽伏見の戦いが勃発
おまえクビ。
byめいじ
これが目に入らぬか
ガーン！
それを受け
薩摩は明治理事長の名で
慶喜に懲戒解雇《ちょうかいかいこ》を通告する
という必殺技を繰り出した！
理事長名義の解雇通告出た！これは致命的だな
しかし西郷さんもなんでここまでするかなぁ
いやだってさ！
うわビックリしたぁ！
って西郷さんもその恰好!?
一体何があったんスか!?
ま 色々な…
…何かわかんないけど大変だったっぽいな

とにかく！
徳川の既得権益《きとくけんえき》を白紙に戻さないと学園は変わらない！
そう思って俺は徳川を排除することに決めたんだ！
ま 慶喜いたらあのペースで全部持ってかれちゃうもんね〜
慶喜は部下を置いたまま京都から東京に逃げ帰り
あとはよろしく
逃げるは恥だし部下困る。
DASH!
え！ちょ！待ってくださいよっ
ひたすら自宅にて謹慎
…
江戸校は廃校の危機にさらされるがここで立ち上がったのが意外な2人だった
薩摩校出身とは言え私も今は徳川のために働く身
西郷 どうか徳川にも慶喜にも寛大な処置を（慶喜嫌いだけど）
私からもお願いいたします（慶喜嫌いだけど）
慶喜嫌いだけど。

あそこまで慶喜嫌いだけどって言いながら頼まれたらなんか断りづらいよな
あの2人何気に押し強いし
それとほら勝先生だよ勝先生に頼まれたらNOとは言いにくいぜ
スポーツマンシップ的にも
勝先生？
旧徳川経営陣の交渉役として出てきたのが熱血教師・勝海舟
どうか寛大な処置を頼むよ西郷君
勝先生の頼みとあらば仕方ありませんね
それが功を奏し江戸校は廃校を免《まぬが》れ東京校と改名慶喜は懲戒解雇ではなく自主退職扱いという非常に寛大な処分に留まる
さっすが勝先生!!
それに引き換え貧乏くじを引かされたのは松平容保《まつだいらかたもり》前京都副校長である
京都校時代に新撰組を使って攘夷《じょうい》派を弾圧した容保は長州校や攘夷派ヤンキーに大きな恨みを買っており
まてーー!!
ドドドドドド
会津校にまでお礼参りのヤンキーが押し寄せ会津校は廃校の憂《う》き目をみる

容保いいヤツなんだろうけど厄介《やっかい》なヤツらに気に入られがちだよな
絶対疫病神《やくびょうがみ》にも懐かれてんな
新撰組とか慶喜とか
そーいや新撰組はどーなったんだ？
だれが厄介だって？
うわ！お前もかよ！
新撰組!!
我らもちろん士道を貫き最後まで容保副校長について行くつもりであったが
途中で捕まった
貧血で離脱
函館まで行ったけど最後にやられた
ごくろーさん
新撰組を含む旧学園側の一部は最後まで抵抗したが函館ヤンキー抗争で敗れ旧学園勢力は掃討《そうとう》された
そして西郷や桂小五郎の手により徳川学園は新明治開花学園として生まれ変わり
文武両道の名門校目指して奮闘中である
なんやかんやあったけど新学園 なかなかいい学校になってよかったじゃーん
バイパイクー
だな
みんなお疲れさん～
え!?もう終わり!?俺の人生クライマックスここからなんですが！
ん～また今度聞きます～
西郷いいかげんにしないか…
!!
寝言!?
ムニャムニャ
The End.

ホントはこんな話

大政奉還《たいせいほうかん》が上奏されたまさにその前日、薩長が求めていた「倒幕の密勅《みっちょく》」が朝廷から下されますが（実は偽勅《ぎちょく》、すなわち偽造された勅書だったという説もあります）、慶喜《よしのぶ》が自ら政権を返上したことで、それはタッチの差で意味を失ってしまいました。

慶喜は、大政奉還後はイギリス型の議会制度（「君臨すれども統治せず」の君主の下での貴族院と下院の両院議会制）に移行し、自分がその中で首相的な立場に就くという構想を持っていました（実は龍馬《りょうま》も、議会制のトップに慶喜を置くべきと考えていたと言われています）。しかも、政権を返上しても、徳川家は広大な直轄地を有する日本一のお金持ちであることに変わりありませんでした。

それに対し薩長は、１８６７年12月９日「王政復古《おうせいふっこ》の大号令」を出して新政権をうち立てるというクーデターを決行。幕府の解体や慶喜の官位返上と領地返納を命じました。しかしこれには土佐の山内容堂《やまうちようどう》や各藩が反発。また諸外国も、新政府ではなく幕府を正式な政権として支持していました。慶喜は下手に抵抗はせず、上手に立ち回って世論を味方につけていたのです。焦った西郷《さいごう》らは、江戸で薩摩藩邸に集めた不逞《ふてい》浪士たちに放火や強盗を繰り返させ、幕府を挑発します。そしてその挑発に乗る形で、幕府が薩長に武力攻撃を仕掛けてしまい、戊辰《ぼしん》戦争、鳥羽伏見の戦いの火蓋が切られることとなります。

兵力的にも軍事力的にも、実は幕府のほうが有利でした。しかし薩長軍はここで例のウルトラQ、倒幕の密勅を発動させます。薩長軍に翻《ひるがえ》った錦旗《きんき》（天皇の軍の旗印）に幕府軍は激しく動揺。自分たちこそ国の正規軍だったはずが、いきなり逆賊扱いになったのですから、そりゃ動揺もしますよね。特に尊王の誉《ほま》れ高い水戸藩出身の慶喜はすっかり戦意喪失。軍を置き去りにしたまま、松平容保《まつだいらかたもり》（127頁）ら数人の側近だけを連れて、夜に紛れて江戸へ逃げ帰ってしまったのです。このことは後世に渡って慶喜大ブーイングのネタになるのですが、彼にしてみれば徳川家が朝敵の汚名を着せられることだけは避けたかったのです。

逃げ帰った慶喜は、篤姫《あつひめ》（119頁）と和宮《かずのみや》（33頁）に、それぞれの実家である薩摩と朝廷に対してとりなしてくれるよう依頼、勝海舟《かつかいしゅう》（75頁）を陸軍総裁に任命し、薩長との和睦交渉を任せて、自らは上野寛永寺で謹慎生活に入ります。篤姫も和宮も、慶喜のことは好きにはなれなかったものの、一丸となって徳川家存続と慶喜の助命を嘆願。また、旧知の仲で恩人でもある勝が幕府側交渉者だったことで、西郷も強硬な態度には出られませんでした。更には、イギリス公使パークスが「恭順に徹している無抵抗の慶喜を攻撃することは万国法に反している」と抗議したことも大きく影響し、江戸城を明け渡し徹底恭順する代わりに、江戸総攻撃は中止、徳川家は存続を許され、慶喜も水戸で謹慎という、寛容な処分に落ち着きました。そうして江戸を戦火にさらすことなく、世に言う江戸無血開城が成し遂げられたのです。

ただ、幕府の中には徹底抗戦を叫ぶ者もいて、上野戦争や東北戦争などに発展しています。特に、松平容保の会津藩は、幕府に向けられていた攻撃の矛先を全て向けられることとなりました。長州藩の恨みを買っていたことや、京都守護職として尊攘《そんじょう》派弾圧の先頭に立っていたことも災いし、会津戦争で完膚《かんぷ》なきまでに叩きのめされます。白虎隊《びゃっこたい》と呼ばれる少年兵団の集団自決など多くの悲劇を生み、戦後も苦難の道を歩みました。

新撰組は幕臣として戊辰戦争に参加。近藤勇《こんどういさみ》（46頁）は途中で捕らえられ斬首され、沖田《おきた》総司《そうじ》（48頁）は肺結核で戦線離脱のち死去、土方歳三《ひじかたとしぞう》（47頁）は戊辰戦争最後の戦いである箱館《はこだて》（函館）戦争まで粘りますが、箱館五稜郭で銃撃され戦死しています。

戊辰戦争の終結により、ひとつの時代が終わりを告げ、新時代が幕を開けました。しかしこのままめでたしとはいかず、未熟な新政府は迷走しまくり、西郷さんがあーなったり、桂《かつら》さんがこーなったりと色々あるのですが、それはまたいつか別のお話で。

年	月日	出来事	月日	龍馬はその頃…	月日	新撰組はその頃…
1867（慶応三年）	10月3日	土佐藩、大政奉還建白書提出	11月15日	近江屋事件　龍馬死亡（33歳）		
	10月13日	薩摩に討幕の密勅下る	11月17日	中岡慎太郎　死亡（30歳）		
	10月14日	慶喜が政権奉還を上奏				
	10月15日	朝廷、大政奉還を勅許				
	12月9日	王政復古の大号令				
	12月12日	慶喜、二条城から大坂城へ移る				
1868（慶応四年）（明治元年）	1月3日	鳥羽伏見の戦い開戦	閏4月	土佐海援隊解散	3月11日	永倉新八、離隊して靖兵隊を結成
	1月7日	慶喜追討令出される			4月3日	近藤勇、捕縛される
	2月	慶喜、上野寛永寺で謹慎			4月11日	土方歳三、旧幕府軍に合流
	3月14日	五箇条の御誓文　発布			4月25日	近藤勇、処刑
	4月11日	江戸城無血開城			5月30日	沖田総司、肺結核で死亡
	5月	奥羽越列藩同盟が成立			8月23日	土方ら仙台へ　斉藤一は会津に残留
	7月17日	江戸が「東京」と改称される			10月26日	旧幕府軍、箱館・五稜郭入城
	9月8日	慶応から「明治」へ改元				
	9月22日	会津藩が降伏				
1869（明治二年）	5月	戊辰戦争が終結			5月11日	土方歳三、戦死

おわりに

「もしもシリーズ」三作目として、最初、実は飛鳥・奈良時代の女帝たちの物語を構想していたのですが、大人の事情で（？）、考えていた設定（「○○だったなら」の部分）がボツになってしまいました。で、設定を考え直している最中に、前々から何となく「新撰組《しんせんぐみ》ってヤンキーみたい」と思っていたことを思い出し、幕末を学園モノとして妄想しているうちにどんどん楽しくなってきてしまいました。そこで「やっぱり古代ではなく幕末を描かせてください」とお願いして、OKを頂いたわけなんですが、お願いした割に超絶筆が遅く、創元社さんにも鷺草デザインさんにも、多々多々多大なるご迷惑をおかけしてしまい、今この「おわりに」を書きながら、申し訳なさに、わたくし震えております。これで全然売れなけりゃホントどうすりゃいいんだか。ほんと頼むから売れてくれ‼（↑魂の叫び）

ただ、筆が遅かったといいましたが、煮詰まっていたわけではなく、逆にどんどん発想（妄想？）が沸いてきて収拾をつけるのに苦労していただけでして、考えるのも描くのも本当に楽しい本作でした。自分的にはノリにノッておりましたので、その感じが出ていればいいなと思います。色んな名作漫画をパクりまく……もとい、オマージュしまくりなので、各方面から叱られないかってことも心配ではありますが。

　くだらない学園コメディにしてはしまいましたが（くだらないって言うな！）、描きながらひしひしと感じていたのは、150年前、この国自体の存亡の危機が確かにあり、有名無名多くの人々の努力と信念と犠牲によってギリギリで切り抜けてきたのだということ、そして歴史は繋がっていて、私たちは間違いなくその続きを生きているということです。来年は明治維新からちょうど150年。その節目の年に、私自身も歴史を通して現在を見つめなおす良い機会をいただけたことに感謝しておりますし、皆様にとってのきっかけにもなれたら幸いです。

2017年6月　井上ミノル

参考文献

『偽りの明治維新—会津戊辰戦争の真実』（星亮一・だいわ文庫）
『NHK歴史秘話ヒストリア（コミック版）幕末—坂本龍馬・新選組』（NHK制作班・イースト・プレス）
『沖田総司—物語と史蹟をたずねて』（童門冬二・成美堂出版）
『禁断の幕末維新史—封印された写真編』（加治将一・水王舎）
『新選組と会津藩 彼らは幕末・維新をどう戦い抜いたか』（星亮一・平凡社新書）
『新選組100話』（鈴木亨・中公文庫）
『新撰組—物語と史蹟をたずねて』（童門冬二・成美堂出版）
『図解・日本を変えた幕末・明治維新の志士たち』（河合敦・永岡書店）
『図説坂本龍馬』（小椋克己、土居晴夫・戎光祥出版）
『全書簡現代語訳　坂本龍馬からの手紙』（宮川禎一・教育評論社）
『手にとるように幕末・維新がわかる本』（加来耕三、岸祐二・かんき出版）
『徳川十五代』（英和ムック）
『徳川将軍家十五代のカルテ』（篠田達明・新潮新書）
『徳川慶喜』（家近良樹・吉川弘文館）
『陸援隊始末記—中岡慎太郎』（平尾道雄・中公文庫）
『ねこねこ日本史（2）』（そにしけんじ・実業之日本社）
『幕末維新　消された歴史』（安藤優一郎・日経文芸文庫）
『本当はもっと面白い新選組』（山村竜也・祥伝社黄金文庫）
『明治維新の正体—徳川慶喜の魁、西郷隆盛のテロ』（鈴木荘一・毎日ワンズ）
『目からウロコの幕末事件簿—いま明かされるその真相』（河合敦・PHP研究所）
『龍馬史』（磯田道史・文春文庫）
『龍馬を愛した女たち』（坂本優二・グラフ社）
『歴史人別冊　真説　土方歳三と新選組』（ベストセラーズ）
『歴史を動かした徳川十五代の妻たち』（安藤優一郎・青春文庫）
『わが夫　坂本龍馬—おりょう聞書き』（一坂太郎・朝日新書）

図版の出典

〈140～141頁　本物？　偽物？　彼らの肖像〉

坂本龍馬…高知県立坂本龍馬記念館所蔵
お龍（伝）…京都国立博物館所蔵
徳川家茂、和宮（伝）…徳川記念財団所蔵
篤姫…尚古集成館所蔵
徳川慶喜、土方歳三、松平容保、中岡慎太郎、近藤勇、西郷隆盛…国立国会図書館ウェブサイトより転載

おまけの4コマ。

やっぱ龍馬が愛ですかね？

別に私はBLにしろとは
言ってませんよっ。

It's 忖度。

これ描いてたら
タイムリーなことに
元祖龍馬のフクヤマ様も
ラジオでBL妄想
しておられました。

著者略歴

井上ミノル

INOUE Minoru

イラストレーター＆ライター。1974年神戸市生まれ。甲南大学文学部卒。広告代理店などを経て、2000年にイラストレーターとしてデビュー。生来の国文好きを生かして、2013年にコミックエッセイ『もしも紫式部が大企業のOLだったなら』を刊行、続いて『ダメダンナ図鑑』『もしも真田幸村が中小企業の社長だったなら』（いずれも創元社）を上梓する。平安好き、歴史好き、生き物好き、酒好きの二女の母。

もしも坂本龍馬《さかもとりょうま》がヤンキー高校《こうこう》の転校生《てんこうせい》だったなら

2017年7月20日　第1版第1刷　発行

著　者…井上ミノル
発行者…矢部敬一
発行所…株式会社　創元社
http://www.sogensha.co.jp/
《本社》
〒541-0047 大阪市中央区淡路町4-3-6
Tel.06-6231-9010
Fax.06-6233-3111
《東京支店》
〒162-0825 東京都新宿区神楽坂4-3煉瓦塔ビル
Tel.03-3269-1051

造　本…中島佳那子（鷺草デザイン事務所）＋東 浩美
印刷所…図書印刷株式会社

ISBN978-4-422-91027-7 C0021

創元社　人気コミック・エッセイ

抱腹勉強、古典&歴史が苦手な人にピッタリの入門書「もしも」シリーズ！

A5判並製・160ページ
定価（本体1,000円＋税）

もしも紫式部が大企業のOLだったなら

日本一の大企業「内裏商事」に勤めるアラサー・キャリアウーマンの紫式部、人気ブロガー清少納言、ダンナの売り込みにはげむ赤染衛門に、泥沼不倫の暴露本で大ヒットをとばす和泉式部…。平安・百人一首の世界を現代におきかえ、遠い古典の世界をグッと身近にした、お笑いマンガ・エッセイ。

もしも真田幸村が中小企業の社長だったなら

勇猛果敢な戦いぶりで「日本一の兵」と呼ばれ、家康を切腹寸前まで追いつめながら、一歩及ばず大坂夏の陣に散った悲劇のヒーロー・真田幸村が、中小企業の（元）社長としてよみがえる!?　個性豊かな武将たち、歴史を動かす女たちのアツイ戦いを、現代の百貨店競争として描いた、笑って学べる歴史コミック！

ダメダンナ図鑑

A5判並製・112ページ
定価（本体1,000円＋税）

微熱くらいで今にも死にそうな「病弱すぎるダンナ」、お菓子を食べながら風呂に入る「雑すぎるダンナ」……原始時代も現代も、歴史上の偉人も凡人も、世の旦那はみな愛すべきダメダンナなのです。日々の雑談と身近な観察から「ダンナあるある」を採集し、研究・分類した楽しいイラスト・エッセイ。